Couverture inférieure manquante

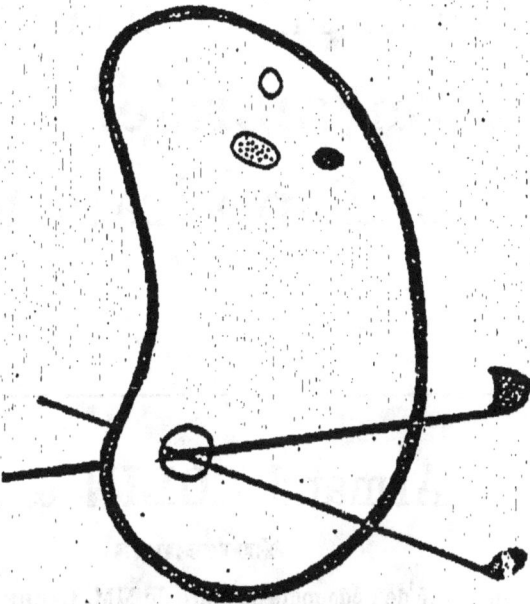

DÉBUT D'UNE SERIE DE DOCUMENTS

EN COULEUR

## J. VIEILLOT

Directeur de l'École normale de Montpellier.

# NOTIONS

DE

# PSYCHOLOGIE

appliquée aux Choses de l'Enseignement

Éducation physique.
Éducation intellectuelle.
Éducation morale.
Lectures d'application.

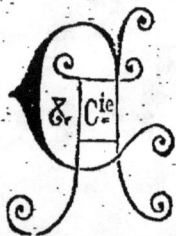

## Armand COLIN & Cie

ÉDITEURS

du Traité de Pédagogie scolaire de MM. CARRÉ et LIQUIER.

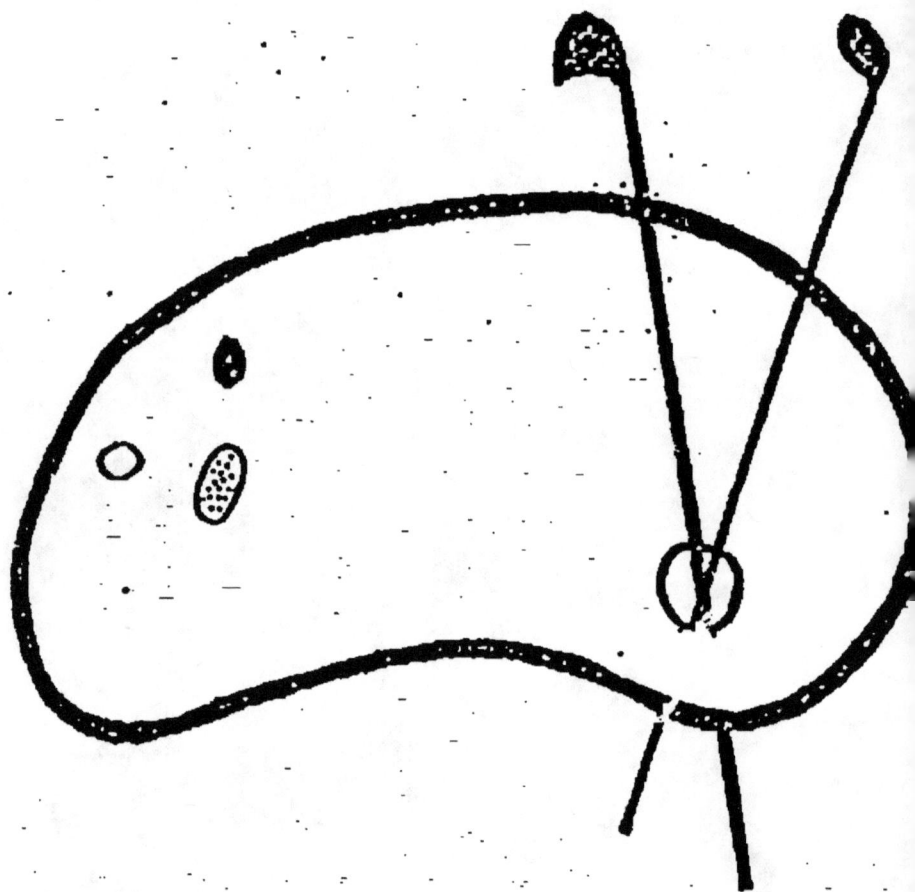

FIN D'UNE SERIE DE DOCUMENTS
EN COULEUR

# DE PSYCHOLOGIE

## appliquée aux Choses de l'Enseignement.

# MÊME LIBRAIRIE

---

**120 Nouveaux Sujets de Rédaction** pour le Certificat d'études, par M. VIEILLOT, directeur d'École normale. Un volume in-12, cartonné.............................. » **75**
*Le même*, **Livre du Maître**. 1 vol. in-12, cartonné... **1 50**

**Aux Instituteurs et aux Institutrices** (Avant d'entrer dans la vie). Conseils et directions pratiques, par M. JULES PAYOT, inspecteur d'académie. 1 vol. in-18 jésus, br... **3 50**

**Traité de Pédagogie scolaire,** par MM. I. CARRÉ, inspecteur général de l'Instruction publique, et ROGER LIQUIER, directeur de l'École normale d'Avignon. 1 volume in-18 jésus, broché.:............ .......................... **4** »

**Vade-Mecum perpétuel,** à l'usage des Instituteurs et des Institutrices, par MM. RIQUER et MARCEL. 1 vol. in-18 jésus, relié toile................................ **2 50**

**Correspondance administrative de l'Instituteur,** par M. A. FRANÇOIS, directeur de l'École normale de Melun. 1 volume in-18 jésus, broché...................... **1** »

**L'Institutrice** (Conseils pratiques), par Mlle SAGNIER, professeur à l'École Edgar-Quinet. 1 vol. in-12, broché....... **1 50**

**Répertoire analytique, alphabétique et chronologique de la Législation et de la Jurisprudence de l'Instruction primaire,** par MM. BOUFFEZ, inspecteur primaire, et MARIE-CARDINE, inspecteur d'académie. Un volume in-18 jésus, broché...................... **2 75**
Relié toile, tranches rouges...................... **3 50**

# NOTIONS

DE

# PSYCHOLOGIE

## appliquée aux Choses de l'Enseignement

(ÉDUCATION PHYSIQUE, INTELLECTUELLE ET MORALE)

A L'USAGE

des Élèves des Écoles normales et des Candidats
au Certificat d'aptitude pédagogique

PAR

## J. VIEILLOT

Directeur de l'École normale de Montpellier.

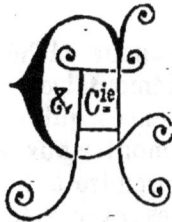

PARIS

ARMAND COLIN ET Cie, ÉDITEURS

5, RUE DE MÉZIÈRES, 5

1898

Armand COLIN & C¹ᵉ, Éditeurs, Paris.

## Leçons de Morale, par M. HENRI MARION.

1 vol. in-18 jésus, broché. . . . . . . . . . . 4 »

Cet ouvrage est plein de clarté comme la parole dont il est
le reflet. Il convient non seulement aux jeunes maîtres qui
y puiseront la substance de leur enseignement, mais encore
à toute personne soucieuse de questions morales. Bien que
les matières soient disposées dans un ordre méthodique,
l'extrême division des chapitres, les résumés placés en tête
de chacun d'eux, permettent au lecteur de rechercher, pour
une étude particulière, les questions qui l'intéressent le plus.
La matière de ce volume est vaste et complète; il donne outre
le fond même de l'enseignement classique en fait de morale,
un résumé et des citations des plus grands moralistes de tous
les temps. Un grand développement est donné à la partie
historique. La lecture des *Leçons de morale* est rendue plus
fructueuse encore par un index qui, en quelques mots, évoque
les moralistes et résume les doctrines.

## Leçons de Psychologie, par M. HENRI

MARION. 1 vol. in-18 jésus, broché. . . . . 4 50

L'auteur s'était donné pour tâche de compléter par des
études philosophiques élémentaires, mais de bon aloi, la culture générale des intelligences qui lui étaient confiées; et les
faisant en second lieu remonter aux sources vives de la pédagogie, il voulait leur apprendre à trouver dans des connaissances théoriques solides et élevées, la raison des règles
pratiques. Pour atteindre ces deux fins, de sèches notions de
manuel ne sont d'aucun usage; un enseignement véritable est
nécessaire, ample et clair, simple à dessein, familier à l'occasion, et autant que possible vivant. Ces qualités étaient le
propre de l'enseignement de M. Marion, à l'École normale
d'Institutrices de Fontenáy-aux-Roses; il survit dans ce livre.
Nul ne saurait convenir mieux aux personnes encore peu
habituées aux spéculations de la philosophie, et qui néanmoins
ne peuvent en ignorer les notions rudimentaires.

# AVERTISSEMENT

La pédagogie ne saurait se borner à l'exposé des méthodes et des procédés d'enseignement. Si l'Instituteur doit instruire, il doit aussi élever; il doit s'appliquer avec autant de soin à fortifier le corps, à former le cœur et le caractère de l'enfant qu'à lui faire acquérir des connaissances. Or, pour atteindre ce triple but, des notions de psychologie pratique sont indispensables.

Nous avons essayé de montrer que les facultés et les sentiments existent en germe chez l'enfant, puis nous nous sommes appliqué à rechercher les moyens pratiques de faire tourner l'instruction au profit de l'éducation. Puissions-nous, par ces notions bien sommaires mais pratiques, avoir suffisamment indiqué aux élèves des écoles normales et aux candidats qui préparent le Certificat d'aptitude pédagogique, que la tâche de l'Instituteur ne consiste pas seulement à faire acquérir à l'enfant les connaissances nécessaires, mais surtout à développer en lui ce qui constitue réellement l'homme, c'est-à-dire une intelligence, un cœur et une volonté.

J. V.

# PLAN DE L'OUVRAGE

## ET TABLE DES MATIÈRES

---

## II

### Éducation intellectuelle.

# III

## Éducation morale.

# NOTIONS DE PSYCHOLOGIE

### appliquée aux Choses de l'Enseignement.

---

## PREMIÈRE LEÇON

### La psychologie et l'éducation.

SOMMAIRE. — 1. Définitions. — 2. Rapports. — 3. Divisions de l'éducation.

**1. Définitions.** — La psychologie est une science qui étudie les faits intérieurs de la vie morale de l'homme.

Elle étudie nos facultés, nos sentiments, leurs causes, leurs effets, l'origine et la marche de nos passions.

L'éducation est le développement harmonieux de toutes les facultés humaines. On peut encore la considérer comme l'art de seconder et de diriger le développement naturel des facultés de l'enfant, afin de les faire parvenir au plus haut degré de perfection que comporte la nature humaine. Par le développement exagéré d'une seule faculté, on produirait peut-être un phénomène, on ne produirait pas un homme; à l'école, l'éducation doit être conçue et organisée de telle sorte qu'elle prépare l'enfant à la vie complète.

**2. Rapports.** — Mais pour développer les facultés et les sentiments qui se trouvent en germe chez l'enfant, il faut les connaître; il faut en avoir étudié la nature et les lois. Celui qui ignore les divers temps

1.

ou moments que révèle l'analyse de l'acte volontaire ne saurait donner des règles certaines pour développer la volonté. Il n'est pas moins important de bien connaître les facultés intellectuelles et l'appui mutuel qu'elles se prêtent, pour les diriger sûrement vers le but qu'on se propose d'atteindre. Ces connaissances si nécessaires en éducation, c'est la psychologie qui nous les fournit.

On objectera peut-être qu'un grand amour de l'enfance et une certaine initiative suffisent au véritable éducateur pour obtenir de bons résultats. Il n'en est pas moins vrai que les règles psychologiques sont un guide plus sûr que l'initiative personnelle de l'éducateur le mieux doué, pour donner aux sentiments et aux facultés de l'enfant la culture qui leur convient.

C'est également la psychologie qui nous fait distinguer, dans l'éducation, autant de divisions qu'il y a de groupes de facultés à développer et à perfectionner.

**3. Divisions de l'éducation.** — On distingue trois parties dans l'éducation :

1° L'*éducation physique* qui a pour but général la santé et la force du corps, et pour but particulier l'habileté;

2° L'*éducation intellectuelle* qui a pour objet le développement des facultés intellectuelles, c'est-à-dire de munir l'homme des connaissances nécessaires et de favoriser le développement de l'esprit; elle comprend l'instruction;

3° L'*éducation morale* qui a pour objet la culture de la conscience morale, des sentiments et de la volonté.

## LECTURE D'APPLICATION

Extraits de : DUGALD STEWART, HORACE MANN.

Si l'on avait, sur la première éducation, des lumières plus sûres, et si ces lumières étaient plus généralement répandues, on éprouverait moins souvent, à l'âge d'homme, le besoin de refaire son éducation et de se tracer un plan tout nouveau pour son propre perfectionnement. Mais jamais on ne parviendra à diriger systématiquement l'éducation vers son véritable objet, tant qu'on n'aura pas fait une analyse exacte des principes ou facultés de notre esprit ; qu'on n'aura pas déterminé les lois les plus importantes qui en règlent les opérations ; et, en outre, qu'on n'aura pas expliqué les modifications et combinaisons variées dont ces facultés sont susceptibles, et desquelles résulte la diversité de talents, de génie et de caractère que l'on observe parmi les hommes. Instruire la jeunesse dans les langues et dans les sciences, c'est lui faire un don de peu de valeur si l'on néglige de veiller sur ses habitudes, si nous ne donnons pas à toutes les facultés de l'esprit et à tous les principes d'action dont il est doué le degré d'exercice convenable. Sans parler de la culture des facultés morales, combien grande et difficile est la tâche de développer les facultés intellectuelles des jeunes esprits confiés à nos soins ! Veiller sur les associations d'idées qu'ils forment dès l'âge le plus tendre ; leur donner de bonne heure des habitudes d'activité dans le travail de la pensée ; cultiver en eux l'usage de la méditation et tenir en même temps leur attention fixée sur les objets qui les entourent ; éveiller leur sensibilité aux beautés de la nature, et leur inspirer le goût des plaisirs intellectuels : ce n'est encore là qu'une partie des devoirs qu'impose l'éducation ; et cependant, pour les remplir jusqu'à ce point, il faut avoir fait de l'esprit humain une étudé dont se dispensent presque toujours ceux qui sont chargés de l'éducation de la jeunesse.

Il y a peu de sujets plus rebattus que celui de l'éducation; mais la plupart de ceux qui l'ont traité ont borné leur attention à des questions incidentes. Ils n'ont pas commencé par un examen attentif des facultés et des principes d'action de l'esprit humain, dont le perfectionnement doit être le grand objet de toute espèce d'éducation.

(DUGALD STEWART, *Éléments de la philosophie de l'esprit humain.*)

L'éducation n'est pas la simple faculté de lire, écrire, compter. Je comprends autre chose sous ce noble titre : En premier lieu, l'exercice physique qui fortifie le corps, le protège contre la maladie, le met en état d'exercer une sorte d'action créatrice sur les substances vierges de la nature, de transformer le désert en champs cultivés, les forêts en vaisseaux, les carrières en villes ou en villages. J'y comprends ensuite la culture de l'intelligence mise en état de découvrir les lois augustes et permanentes qui régissent l'univers matériel ou moral. Si nous nous conformons à ces lois, les forces de la nature deviennent nos auxiliaires, nous portent à la prospérité et au succès ; si nous les transgressons et que nous entrions en lutte avec elles, elles nous résistent, se jouent de nous et finissent par nous écraser. L'éducation consiste enfin à développer les sentiments affectueux et moraux qui nous prédisposent aux devoirs et aux joies de la vie domestique et sociale, nous amènent à soumettre nos appétits et nos penchants à la loi suprême du bien.

(HORACE MANN, *Importance de l'éducation dans une République.*)

# I

## ÉDUCATION PHYSIQUE

## 2e LEÇON

### Importance de l'éducation physique.

SOMMAIRE. — 1. Importance de l'éducation physique. — 2. — Ce qu'elle comprend. — 3. Moyens à employer pour la donner à l'école. — 4. Hygiène. — 5. Propreté.

**1. Importance de l'éducation physique.** — L'être physique et l'être moral sont trop intimement liés pour que tout ce qui compromet la santé du corps n'ait pas un contre-coup sur l'âme. Chez tout homme, l'âme doit commander et le corps obéir; nous ajouterons que le corps obéit d'autant mieux qu'il est plus fort. L'éducation physique n'est pas seulement importante pour les enfants qui sont destinés aux travaux manuels, elle l'est pour tous, car si le corps s'est fortifié dès le jeune âge, s'il s'est assoupli par l'exercice, l'obéissance qu'il doit à l'âme sera plus facile et plus efficace, et l'énergie du caractère aura également profité; il y aura donc un double profit moral pour l'individu.

**2. Ce qu'elle comprend.** — Se bien porter, être vigoureux et robuste, être habile de ses mains et de ses doigts, ne pas se créer des appétits factices ni surexciter une fonction au détriment des autres, voilà les principaux commandements de l'éducation physique. Il est vrai que nous tenons de la nature notre tempérament, notre constitution, mais l'éducation physique nous indique certains moyens pour accroître ou pour conserver ce que la nature nous a donné.

**3. Moyens à employer pour la donner à l'école**. — Les divers moyens employés pour donner l'éducation physique sont : l'hygiène, les jeux, la gymnastique et l'éducation des sens.

**4. Hygiène**. — L'hygiène peut être définie : l'art de conserver la santé; mais on peut aussi la considérer comme l'art de l'accroître, car si elle nous fait connaître ce qui est nuisible à la santé et qu'il faut par conséquent éviter, elle nous fait connaître également ce qu'il faut faire pour accroître nos forces physiques.

Nous distinguerons l'hygiène générale et l'hygiène scolaire.

**5. Propreté**. — L'une des principales prescriptions de l'hygiène générale et qui relève de cette étude est la propreté.

On doit exiger que les enfants soient propres dans leur personne et dans leurs vêtements. La malpropreté du corps est la source d'un grand nombre de maladies résultant du défaut de fonctionnement normal de la peau. Il faut que celle-ci soit toujours perméable; or la sueur mêlée à la poussière et au duvet des vêtements peut constituer une crasse qui s'oppose à la transpiration et à la respiration cutanée, deux fonctions qui ne sauraient être supprimées sans de graves inconvénients.

Quand aucune autre considération n'imposerait la propreté aux élèves, le respect qu'ils doivent à leur maître leur en ferait une obligation.

Au commencement de chaque classe, l'instituteur doit procéder à une inspection de propreté pour s'assurer que les enfants ont le visage, les mains et le cou soigneusement lavés, les oreilles propres et les cheveux peignés. Quant aux vêtements, il n'est pas nécessaire qu'ils soient neufs, mais on doit exiger qu'ils soient parfaitement lavés et raccommodés. S'il y a lieu d'adresser des observations aux parents d'enfants pauvres, il faut le faire avec tact, en évitant de blesser leur susceptibilité.

Ajoutons que la propreté s'enseigne surtout par l'exemple et par la pratique.

La classe doit être balayée tous les jours, toutes fenêtres ouvertes, le soir après le départ des élèves; un arrosage modéré doit précéder le balayage. Il faut interdire de rien jeter à terre et de cracher sur le parquet. Des recherches récentes ont démontré que le bacille de la tuberculose reste virulent malgré la dessiccation des crachats qui le contiennent, et peut être soulevé ensuite avec la poussière du balayage. Le parquet et les vitrages devraient être fréquemment nettoyés.

Mais la propreté des locaux scolaires laissera malheureusement à désirer tant qu'un règlement ne précisera pas les devoirs respectifs des municipalités et des instituteurs à ce sujet.

L'hygiène scolaire traite des conditions matérielles de l'école : emplacement, construction, mobilier, chauffage, ventilation, éclairage. En ce qui concerne les vêtements et l'alimentation, le rôle de l'instituteur doit se borner à donner des conseils.

### LECTURE D'APPLICATION

Extraits de : BAIN, ROUSSEAU, SPENCER.

Pour tout travail intellectuel, il faut que l'esprit soit vigoureux, frais et éveillé, dans la plénitude de sa force et de son activité.

Dans l'intérêt de l'activité intellectuelle, il faut que le système musculaire, le système digestif et, en un mot, toutes les parties de l'organisme soient exercées dans la mesure qui donne à l'organisme tout entier son maximum de force générale.

(BAIN, La Science de l'éducation.)

Voulez-vous cultiver l'intelligence de votre élève, cultivez les forces qu'elle doit gouverner. Exercez continuellement son corps ; rendez-le robuste et sain pour le rendre sage et raisonnable ; qu'il travaille, qu'il agisse, qu'il coure, qu'il crie, qu'il soit toujours en mouvement ; qu'il soit homme par la vigueur, et bientôt il le sera par la raison. C'est une erreur bien pitoyable d'imaginer que l'exercice du corps nuise aux opérations de l'esprit ; comme si ces deux actions ne devaient pas marcher de concert et que l'une ne dût pas toujours diriger l'autre !

Tous ceux qui ont réfléchi sur la manière de vivre des anciens attribuent aux exercices de la gymnastique cette vigueur de corps et d'âme qui les distingue le plus sensiblement des modernes.

(ROUSSEAU, Émile.)

La lutte pour l'existence est si vive dans les temps modernes que peu nombreux sont les hommes qui peuvent en supporter les exigences sans faiblir. Il devient donc d'une importance particulière d'élever les enfants de façon non seulement qu'ils soient aptes à soutenir la lutte intellectuelle qui les attend, mais aussi qu'ils puissent supporter physiquement l'excessive fatigue à laquelle ils seront soumis.

Ceux qui, dans leur préoccupation exclusive de développer l'esprit, négligent les intérêts du corps, ne se souviennent pas que le succès dans ce monde dépend plus de l'énergie que des connaissances acquises, et que c'est aller au-devant de sa propre défaite que de ruiner sa constitution par l'excès de travail intellectuel. La volonté forte, l'infatigable activité, dues à la vigueur physique, compensent dans une grande mesure, même des lacunes importantes de l'éducation.

(HERBERT SPENCER, De l'Éducation.)

# 3e LEÇON

## L'école.

**1. Emplacement.** — Le terrain destiné à recevoir une école doit être central, bien aéré, d'un accès facile, à 100 mètres au moins du cimetière, éloigné de tout voisinage bruyant, malsain ou dangereux tant au point de vue moral qu'au point de vue physique. Si le sol est humide, il devra être drainé.

L'orientation de l'école est déterminée suivant le climat de la région, en tenant compte des vents dominants et des conditions hygiéniques de la localité. Ainsi, dans la région de l'ouest, le vent dominant qui est en même temps un vent humide, est celui du sud-ouest; l'école sera exposée au sud-est; c'est-à-dire que le grand axe du bâtiment sera dirigé du nord-est au sud-ouest, de manière à présenter un pignon au vent dominant.

**2. Construction.** — L'école et le logement de l'instituteur doivent être établis sur des emplacements distincts, ou au moins indépendants l'un de l'autre. Les classes et le préau couvert, mis en communication immédiate, seront dégagés au moins sur deux faces opposées de manière à recevoir la plus grande quantité d'air et de lumière. Cette disposition favorable à la salubrité a en outre l'avantage de faciliter la surveillance.

Le sol du rez-de-chaussée doit être plus élevé que le sol extérieur, et les pentes du terrain entourant la construction, aménagées de manière à en éloigner les eaux.

La surface de la salle de classe doit être calculée de façon à assurer à chaque élève un minimum de 1 mètre carré. La hauteur sous plafond doit être de 4 mètres. On tolère $3^m,30$ dans les anciens bâtiments transformés en salle de classe.

**3. Mobilier.** — Le mobilier doit être construit de manière à rendre possible une attitude correcte. Pour éviter les déviations de la colonne vertébrale, la distance entre le banc et la table sera nulle, c'est-à-dire qu'une verticale abaissée du bord de la table rencontrera l'arête du banc ; les bancs seront pourvus d'un dossier, afin que les enfants, lorsqu'ils n'écrivent pas, puissent se tenir droits. Il y a divers systèmes de tables-bancs ; les unes sont à deux places, d'autres en comprennent un plus grand nombre avec des sièges isolés ; enfin il y a des tables à une seule place. La différence de hauteur entre le siège et la table doit être telle que l'avant-bras vienne se poser horizontalement sur la table quand on laisse pendre le bras sans effort ; la hauteur du siège au-dessus du sol doit être telle que les pieds soient posés à plat. Le mobilier sera, autant que possible, adapté à la taille des élèves. La partie supérieure de la table (tablette à écrire) peut être fixe ou mobile. Si elle est fixe, l'élève choisit difficilement les livres ou les cahiers dont il a besoin ; on ne peut visiter les bureaux. Si elle est mobile, les élèves peuvent se cacher derrière pour bavarder, et la discipline peut en souffrir. Le meilleur système est un système mixte dont la moitié seulement de la tablette peut se relever ; les deux parties sont réunies par des charnières plates.

**4. Ornementation de la salle de classe.** —
Il faut orner la salle de classe et la rendre gaie. Les
cartes de géographie, les tableaux d'histoire naturelle sont tout indiqués pour orner les murs. Si,
comme il arrive assez fréquemment, l'école ne possède
qu'une ou deux cartes, l'instituteur pourra reproduire,
à une grande échelle, le plan de la commune, la carte
du canton, celle de l'arrondissement, il pourra également agrandir des dessins ayant trait à l'histoire
naturelle, tels que le squelette, les organes de la digestion, de la circulation, ou aux sciences physiques : un
aérostat avec ses agrès, les diverses pompes, la
presse hydraulique, etc.

Un petit parterre de fleurs dans la cour, que les
enfants prendront l'habitude de respecter, complétera
heureusement l'ornementation de l'école.

**5. Chauffage.** — La cheminée, même avec l'économie apportée par les prises d'air qui permettent
d'utiliser plus ou moins complètement la chaleur des
produits de la combustion, se prête mal à l'usage des
classes.

Le chauffage au moyen des poêles en fonte est beaucoup plus économique, mais il présente des inconvénients. La fonte portée au rouge devient poreuse et
livre passage à l'oxyde de carbone qui est un gaz des
plus délétères. D'autre part, il arrive souvent que par
économie on ferme en partie la clé du poêle, ce qui
fait refluer dans l'appartement les gaz oxyde de carbone et acide carbonique. Puisque l'air est nécessaire
à la combustion, il serait plus simple et surtout plus
hygiénique de modérer celle-ci en réglant l'arrivée de
l'air dans le foyer. Il suffirait, pour obtenir ce résultat,
de supprimer la clé et de pratiquer dans la face anté-

rieure du cendrier une ouverture qui pût être plus ou moins ouverte ou fermée à volonté.

Les poêles ordinaires présentent un autre inconvénient, qui est de répandre une mauvaise odeur par suite de la combustion des matières organiques en suspension dans l'air. Enfin le tuyau échauffe l'air à la partie supérieure de la salle et l'air froid reste à la partie inférieure, de sorte que les enfants peuvent avoir la tête chaude et les pieds froids. Lorsque, par économie, on est réduit à employer les poêles en fonte, il faut garnir l'intérieur du foyer de briques réfractaires, de manière que la fonte ne puisse être portée au rouge.

Pour réduire au minimum la dépense de combustible, on a construit des poêles à combustion lente qu'on appelle encore *poêles mobiles*, parce qu'ils peuvent être transportés d'une pièce dans une autre pièce. Ces poêles produisent beaucoup d'oxyde de carbone, gaz extrêmement vénéneux, qui occasionne de violents maux de tête, des nausées, du vertige et enfin la mort, si l'atmosphère en renferme seulement 3 ou 4 pour 100. Il est très important, si l'on veut éviter les accidents qui peuvent résulter de l'usage des poêles à combustion lente, 1° d'adapter avec soin le tuyau de fumée à la cheminée de l'appartement, ce qui n'est pas toujours réalisé lorsqu'on transporte le poêle dans diverses pièces ; 2° de ne pas trop modérer la combustion, car le tirage devenant insuffisant, les gaz refluent dans l'appartement. En résumé, ces poêles ne peuvent être réellement économiques sans devenir dangereux ; il y a donc lieu de les rejeter.

Que les poêles soient à combustion rapide ou à combustion lente, ils ne produisent pas une aération suffisante dans les pièces chauffées ; de plus, ils déterminent comme les cheminées, par les portes et par les fenêtres, un appel d'air froid qui peut incommoder les enfants. On remédie à cet inconvénient en adoptant le poêle à double enveloppe, dit poêle-calorifère.

Le poêle-calorifère se compose d'un foyer en fonte garni de briques réfractaires, et d'une enveloppe en métal ou en faïence, percée de nombreuses ouvertures. Ce poêle est généralement adossé à un mur dans lequel se trouve une prise d'air. L'air froid venant du dehors pénètre dans l'espace libre situé entre le foyer et l'enveloppe, s'échauffe et se répand dans la salle par les ouvertures de l'enveloppe qui deviennent autant de bouches de chaleur. Ce poêle donne une température plus uniforme que les poêles ordinaires et renouvelle l'air dans de meilleures conditions hygiéniques.

**6. Ventilation.** — Malgré l'établissement des meilleurs appareils de chauffage, on ne saurait compter sur une parfaite ventilation des classes. Il faut donc exiger, qu'à chaque récréation, les portes et les fenêtres soient largement ouvertes. Si l'on craignait qu'il en résultât un refroidissement trop marqué, on pourrait se contenter d'ouvrir les fenêtres pendant quelques minutes seulement. En effet, il suffit, surtout si la classe a des ouvertures des deux côtés, d'un vent presque insensible pour qu'en une minute, l'air de la classe soit totalement renouvelé. On sait que la respiration vicie rapidement l'air en substituant à l'oxygène de l'acide carbonique. A l'action de ce gaz irrespirable vient s'ajouter l'influence des matières exhalées par les poumons, la peau, les vêtements, qui communiquent à l'air une odeur particulière et désagréable, propre aux endroits habités par un grand nombre de personnes. La ventilation a pour but d'éviter aux enfants un séjour prolongé dans l'*air confiné* dont les propriétés toxiques sont bien connues.

**7. Éclairage.** — L'éclairage doit être unilatéral si la largeur de la salle n'est pas trop considérable. Les élèves doivent recevoir la lumière de gauche à droite afin d'éviter que la main et la plume portent ombre sur le papier. Si l'on est obligé de recourir à l'éclairage bilatéral, on s'arrange de manière que la lumière la plus abondante vienne de gauche.

### LECTURE D'APPLICATION
#### Extraits de : JAVAL.

Quand une école dessert des habitations éparses, il convient de lui donner une position centrale, cela va sans dire, et il appartient à l'Administration de résister au Conseil municipal, qui voudra toujours choisir le centre de l'agglomération principale. Peu importe à nos yeux que les enfants aient à parcourir quelques centaines de mètres pour gagner l'école ; quand on adoptera franchement cette solution, on pourra, sans grande dépense, prendre un vaste terrain se prêtant aux agrandissements de l'avenir et comportant des préaux découverts assez étendus pour permettre d'y planter, sans nuire à l'éclairage des classes, des arbres qui donneront un agréable ombrage en été. On ne reculera pas non plus devant la création d'un jardin aussi vaste que possible, dont une partie serait réservée à l'instituteur et dont le reste serait cultivé par les élèves. En résumé, on ne devra pas sacrifier à la recherche d'une position centrale l'observation des précautions plus importantes d'aération et d'hygiène.

(Dʳ JAVAL, *Rapport sur l'hygiène des écoles primaires.*)

Pour empêcher l'atmosphère de se vicier et de s'échauffer au point d'être incommode, on a souvent

recours à des vasistas; mais quelles que soient les précautions prises, les personnes qui reçoivent directement
l'air extérieur se révoltent à bon droit et font bientôt
fermer les carreaux, à moins d'avoir le droit de changer
de place ou d'être sous le joug de la discipline, comme
les écoliers. Des rhumes, des maladies pulmonaires
mortelles, beaucoup de maux d'oreilles, bien plus graves
et plus nombreux qu'on pourrait le supposer, sont
attribuables à l'emploi des vasistas qui sacrifient la santé
d'une partie des élèves. Il finit par se faire des transac-
tions; à mesure qu'un élève est enrhumé, on en met un
autre près de la terrible prise d'air, et on n'ouvre que
juste assez pour empêcher l'ensemble de la classe d'être
asphyxié.

Un bon chauffage doit atteindre le double but de
porter les murs à une température élevée avant l'entrée
des élèves et d'empêcher le renouvellement de l'air d'incommoder aucun d'eux.

(Dr JAVAL, *Rapport sur l'hygiène des écoles primaires.*)

# 4e LEÇON

## Maladies contagieuses; moyens de les reconnaître [1].

Un grand nombre de maladies peuvent atteindre
l'enfant pendant la période scolaire. La délicatesse de
sa peau et l'impressionnabilité de ses organes sont la
cause d'indispositions fréquentes dont l'instituteur
doit pouvoir constater les premiers symptômes,
d'abord pour renseigner la famille, puis, si la maladie
est contagieuse, pour empêcher le mal de se répandre.

Nous relevons dans une circulaire belge les carac-

1. Cette leçon ne se rattache qu'indirectement à la psychologie, mais
elle nous a paru trop importante, au point de vue de l'éducation physique,
pour être omise dans un traité de psychologie scolaire.

tères généraux qui, dans beaucoup de cas, permettent
à l'instituteur de reconnaître, à leur début, les maladies considérées comme devant entraîner l'éviction de
l'enfant malade.

Pour faciliter l'exposition de ces caractères, nous
diviserons les affections transmissibles en :

1° maladies internes avec fièvre initiale : *variole,
scarlatine, grippe;* 2° maladies internes dans lesquelles
la fièvre est peu marquée au début : *rougeole, diphtérie, varicelle, oreillons;* 3° maladies sans fièvre :
*coqueluche, épilepsie;* 4° maladies externes ou ayant
leur siège à la surface du corps : teigne, pelade.

**Variole, scarlatine, grippe.** — Les symptômes qui
attirent d'abord l'attention sont ceux d'un état fébrile
intense; une forte douleur de tête, une chaleur exa-
gérée de la peau; un accablement général; une pros-
tration physique et intellectuelle ou une agitation
insolite; parfois des nausées, des vomissements, de
la courbature, une soif intense, une grande sécheresse
de la bouche et un enduit sale de la langue.

**Rougeole, diphtérie, varicelle, oreillons.** — Dans
ces affections, la fièvre ne se présente pas toujours
dès le début. A la période initiale, l'accablement est
la règle; il existe une faiblesse corporelle et intellectuelle, une inattention marquée. Outre ces symptômes,
auxquels peuvent se joindre ceux de la fièvre, il
faut encore noter : pour la *rougeole,* une toux saccadée, persistante, agaçante, des éternuements fré-
quents, du larmoiement et un éclat brillant des yeux;
pour la *diphtérie,* la raucité de la voix, une toux d'un
accent particulier, pareil à celui qu'elle produirait en
vibrant dans un tuyau de métal; en outre le fond de
la gorge, tuméfié, laisse apercevoir des plaques blan-

châtres recouvrant partiellement les amygdales; pour la *varicelle*, l'apparition sur le corps de papilles rouges auxquelles succèdent rapidement des vésicules arrondies et contenant une sérosité transparente; pour les *oreillons*, inappétence et courbature accompagnées quelquefois d'une fièvre intense avec frissons et maux de tête, gonflement autour de l'oreille, mastication douloureuse et difficile.

**Coqueluche.** — La coqueluche a tout d'abord l'apparence d'un rhume; seulement la toux est plus saccadée, plus persistante et plus vibrante. Plus tard, l'affection se reconnaît à des accès très caractérisés : ce sont des quintes formées de secousses de toux continues qui produisent une sorte de suffocation passagère, bleuissent la face, gonflent et font larmoyer les yeux, et aboutissent à un cri particulier, cri de rappel semblable à celui du coq, et à une abondante expulsion de mucosités filantes et claires.

**Épilepsie.** — Dans la crise épileptique, l'enfant pâlit, parfois jette un cri, tombe privé de connaissance et frappé d'insensibilité; la respiration s'arrête, le corps se raidit, puis est secoué violemment par des alternatives de contraction et de relâchement musculaire. La face devient d'un rouge violacé, les traits sont agités de mouvements convulsifs, les dents grincent, une mousse écumeuse et quelquefois sanguinolente sort avec bruit d'entre les lèvres; puis, au bout de quelques minutes, retour de la respiration normale, pâleur de la face, somnolence. L'enfant s'éveille étonné, hébété, brisé par la fatigue.

L'épilepsie peut se communiquer par imitation et par suggestion nerveuse, par suite de la grande frayeur qu'elle produit chez certains enfants.

**Teigne, pelade.** — La *teigne faveuse* est caractérisée par de petites croûtes jaunâtres; les cheveux, décolorés, grêles et cassants, traversent ces croûtes, qui peuvent envahir la totalité du cuir chevelu. La démangeaison est assez vive, et la tête exhale une odeur caractéristique. La *teigne tonsurante* est caractérisée par des cheveux grêles, friables, moins colorés que ceux des parties voisines; ils sont rompus très inégalement à 2 ou 3 millimètres au-dessus du niveau de l'épiderme. Il se forme ainsi par la chute des cheveux une véritable tonsure. La surface de cette plaque est couverte d'aspérités et de débris grisâtres, pulvérulents, et offre une teinte un peu bleuâtre.

La *pelade* siège sur toutes les parties couvertes de poils : cuir chevelu, sourcils, etc.; elle est caractérisée par la chute des poils, accompagnée de démangeaisons. Les plaques dénudées, de grandeur variable, sont unies; la peau est douce et d'une blancheur remarquable.

L'habitude qu'ont parfois les enfants, dans leurs jeux, d'échanger leurs coiffures, est la cause la plus fréquente de contagion.

Les caractères que nous venons d'énumérer ne sont pas toujours nettement tranchés dans la période initiale des diverses affections. et l'instituteur peut commettre une erreur en attribuant une certaine gravité à une indisposition qui n'en a pas; mais une erreur de ce genre n'entraînant aucun préjudice réel, on ne saurait blâmer un excès de prudence en pareil cas[1].

---

1. Voir, page 118, le Règlement modèle du 18 août 1893, pour les mesures générales à prendre en présence d'une maladie contagieuse, et les Instructions du 14 mars 1896, à remettre aux familles des enfants malades.

# 5ᵉ LEÇON

## Exercices physiques.

**1. Division.** — Les physiologistes ont constaté que le besoin d'exercice n'est pas moins impérieux que le besoin de nourriture. A l'âge où l'enfant, en voie de formation, commence à se livrer au travail intellectuel, il importe de maintenir l'équilibre entre les fonctions et de ne point laisser le système nerveux se surmener au détriment des autres organes condamnés à l'inaction.

Ces exercices peuvent se diviser en deux catégories : ceux auxquels les enfants se livrent spontanément, comme les jeux, et ceux qui leur sont imposés par les règlements, comme la gymnastique.

**2. Jeux.** — Les jeux de toute sorte auxquels se livrent les enfants pendant les récréations constituent la première catégorie ; l'instituteur doit les favoriser de tout son pouvoir, les organiser au besoin, sans toutefois y prendre part, laissant ainsi aux enfants toute liberté. Avec les jeux, tout le système musculaire s'exerce, sans compter le parti qu'on en peut tirer, comme nous le verrons plus loin, pour l'éducation des sens. L'enfant par ses jeux, parfois vifs et turbulents, s'habitue à surmonter les difficultés, ce qui le conduira à braver plus tard le danger. L'habitude qu'il acquiert de se tirer d'embarras quand il rencontre une difficulté physique, le rend moins gauche, moins craintif des accidents. Au moment de l'adolescence, la fatigue corporelle que procurent les jeux n'est pas seulement salutaire au point du vue du développement physique, c'est encore un préservatif moral d'une efficacité certaine. Développement physique et développement moral, tel est le résultat des jeux.

Mais l'instituteur ne doit pas oublier qu'il est civilement responsable des accidents qui, faute de surveillance, peuvent arriver à ses élèves pendant les récréations. Il devra donc réprimer les violences, défendre les jeux dangereux et faire un choix selon les saisons et l'âge des élèves. Il pourra tirer un excellent parti de la surveillance des jeux, car les élèves se montrent là tels qu'ils sont, et ils lui fourniront outre les moyens d'observer les caractères, une foule d'exemples pour ses leçons de morale.

L'activité physique, pour atteindre son but, doit être agréable à l'enfant; la gymnastique qui revêt toujours la forme d'une leçon ne saurait donc remplacer les jeux; mais par contre si ceux-ci donnent un développement d'ensemble qui profite à tout l'organisme, ils sont impuissants à donner à tout l'appareil musculaire son entier développement.

3. **Gymnastique.** — La gymnastique développe les forces et rend le corps souple. C'est de l'activité méthodique déployée d'une manière progressive qui peut seule donner au corps toute l'agilité et toute la force dont il est susceptible. Elle exerce aussi son action sur une importante fonction organique : la

respiration. Non seulement elle donne plus de force à certains muscles respiratoires, mais elle élargit la cage thoracique, ce qui permet aux poumons de prendre toute leur extension.

Les exercices élémentaires tels que les mouvements des bras, des jambes, les flexions, les marches, les sauts, etc., suffisent en général pour les enfants des campagnes qui ont à parcourir un trajet plus ou moins long et qui, en dehors des heures de classe, se livrent ordinairement à des travaux manuels.

Les exercices avec appareils, sans être indispensables, sont un complément utile pour les enfants des villes auxquels l'espace fait souvent défaut.

Les appareils leur permettent de déployer de l'activité sur place sans risque d'accident, si le maître a le soin de proscrire ce qu'on appelle les *tours de force*.

## LECTURE D'APPLICATION

Extraits de : MONTAIGNE, RABELAIS, SPENCER.

Ce n'est pas assez de luy roidir l'âme, il luy faut aussi roidir les muscles. Les jeux mesmes et les exercices seront une bonne partie de l'estude ; la course, la lutte, la musique, la danse, la chasse, le maniement des chevaulx et des armes. Je veulx que la bienséance extérieure et l'entregent, et la disposition de la personne se façonne quand et quand l'âme. Ce n'est pas une âme, ce n'est pas un corps, qu'on dresse ; c'est un homme : il n'en fault pas faire à deux ; et comme dict Platon, il ne fault pas les dresser l'un sans l'autre ; mais les conduire également, comme une couple de chevaulx attelez à mesme timon.

(MONTAIGNE, *Essais*.)

2.

Par trois bonnes heures, lui estoit faicte lecture. Ce
faict, issoient (sortaient) hors, tousjours conferens des
propos de la lecture, et se desportoient en Bracque[1] ou
es prés, et jouoient à la balle, à la paulme, à la pile
trigone[2], galantement s'exercens les corps, comme ils
avoient les ames auparavant exercé. Tout leur jeu n'estoit
qu'en liberté : car ils laissoient la partie quand leur
plaisoit; et cessoient ordinairement lorsque suoient
parmi le corps, ou estoient aultrement las.

Avec deux poignards asserés et deux poinsons
esprouvés montait au hault d'une maison comme un rat,
descendoit puis du hault en bas en telle composition des
membres que de la cheute n'estoit aulcunement grevé.
On lui attachait un cable en quelque haulte tour, pendant à terre; par icelluy avec deux mains montoit, puis
devaloit si roidement et si asseurement que plus ne
pourriez parmy un pré bien egualle. On lui mettait une
grosse perche appuyée à deux arbres; à icelle se pendoit
par les mains, et d'icelle alloit et venoit sans des pieds
à rien toucher, qu'à grande course on ne l'eust peu
aconcevoir (atteindre).

(RABELAIS, *La Vie de Gargantua.*)

Que la gymnastique vaille mieux que rien, nous l'admettons; mais que ce soit un équivalent du jeu, nous le
nions formellement. Les inconvénients de l'exercice
gymnastique sont à la fois positifs et négatifs. En premier
lieu, ces mouvements réglés, nécessairement moins
divers que ceux qui résultent des jeux des écoliers,
n'assurent pas une répartition égale d'activité entre
toutes les parties du corps; d'où il résulte que, l'exercice
tombant sur une partie seulement du système musculaire, la fatigue arrive plus tôt qu'elle n'arriverait sans
cela. Puis, non seulement la somme de l'exercice pris est
inégalement distribuée, mais cet exercice n'étant pas
accompagné de plaisir, est moins salutaire. L'idée vul-

1. Jeu de paume à l'enseigne du *Chien braque.*
2. Jeu de paume à trois personnes placées aux sommets d'un triangle.

gaire que, aussi longtemps qu'on obtient la même somme d'exercice corporel, il importe peu que cet exercice soit agréable ou non, renferme une grave erreur. La vérité est que le bonheur est le plus puissant des toniques. En accélérant les mouvements du pouls, il facilite l'accomplissement de toutes les fonctions. De là la supériorité intrinsèque du jeu sur la gymnastique.

(H. SPENCER, *De l'Éducation.*)

---

## 6ᵉ LEÇON

### La sensibilité physique.

SOMMAIRE. — 1. Définition. — 2. La tempérance. — 3. L'alcoolisme. — 4. L'endurcissement physique.

**1. Définition.** — La sensibilité physique est la faculté que nous possédons d'éprouver des sensations agréables ou pénibles. Nous sommes portés par notre nature d'êtres sensibles à rechercher le plaisir et à fuir la douleur ; mais si des besoins impérieux portent l'homme à manger quand il a faim et à boire quand il a soif, la raison et la volonté doivent intervenir pour l'empêcher de manger et de boire au delà de ses besoins, s'il est tenté de le faire pour le seul plaisir de renouveler des sensations agréables.

**2. La tempérance.** — La vertu qui consiste à combattre les exigences des sens s'appelle *tempérance.* — Le tempérant est donc celui qui ne prend des plaisirs du corps que ce qui est indispensable à la conservation et à l'équilibre de la vie physiologique.

L'intempérant est celui qui mange à l'excès, au risque d'une indisposition, celui qui s'adonne à l'usage immodéré des liqueurs fortes, au risque de perdre momentanément la raison et de porter à sa santé et à ses facultés les plus graves atteintes.

**3. Alcoolisme.** — L'usage continu et l'abus de l'alcool conduisent à l'alcoolisme, mal redoutable qui produit des altérations organiques, des désordres dont les plus communs et les plus bénins sont la gastrite et les troubles cérébraux momentanés; les plus graves, le delirium tremens, la folie et la mort subite.

Contrairement aux préjugés trop généralement répandus, l'alcool n'est ni un stimulant, ni un tonique, ni un aliment. La légère stimulation qu'il produit au début ne se rapporte qu'aux fonctions motrices; quant aux fonctions intellectuelles pures, elles sont ralenties et entravées même par de petites doses d'alcool. « Si après quelques rasades, le buveur devient plus communicatif et se répand en confidences, n'est-ce pas un indice de l'amoindrissement de ses facultés de critique et de contrôle? De même, d'où vient au buveur sa confiance en lui-même, sinon encore de cette diminution de la critique? Plus l'homme perd la faculté de se juger, plus sa suffisance augmente. » Il n'est pas jusqu'à la gaieté tant vantée du premier degré de l'ivresse qu'on ne puisse considérer comme purement artificielle et due à l'oubli momentané des soucis et des misères qui réapparaîtront, avec toute leur intensité, une fois les fumées de l'alcool dissipées.

Le froid n'est pas davantage combattu par l'alcool. Les explorateurs des régions polaires et les guides

des Alpes sont tous d'accord pour déclarer que les boissons alcooliques ne produisent qu'une excitation passagère promptement suivie d'une dépression très marquée.

En réalité, on peut considérer l'alcool comme un narcotique, comme un anesthésique faible, et comme tel, il atténue et fait disparaître momentanément la plupart des sensations pénibles : sensation de faim, de douleur, de fatigue, mais à quel prix? en anéantissant les facultés et en affaiblissant le corps, car le sang, dans lequel l'alcool pénètre rapidement, s'altère et nourrit mal les tissus.

Les organes attaqués par l'alcool sont plus spécialement l'appareil digestif, le foie, les nerfs et le cerveau.

On objectera peut-être que nos pères buvaient et qu'ils ne s'en sont pas mal trouvés. On peut répondre : 1° que la consommation d'alcool va en croissant; elle a presque doublé depuis vingt-cinq ans; 2° que les conditions de la vie actuelle ont considérablement modifié la rapidité d'élimination du poison, en supprimant en grande partie l'exercice physique par l'introduction des machines dans l'industrie; 3° que l'alcool de vin, que l'on consommait autrefois et qui est devenu très rare, est beaucoup moins toxique que les alcools de grains et de pommes de terre que l'on consomme aujourd'hui.

L'usage très répandu des *apéritifs* est encore venu augmenter le mal. En effet, les liqueurs telles que l'absinthe, les amers, le vermouth sont fabriquées avec des alcools de qualité inférieure auxquels on ajoute, pour en masquer le mauvais goût, des essences dont la plupart sont des poisons violents.

L'alcoolisme n'est pas seulement dangereux pour la santé publique, il fait négliger à l'homme tous ses devoirs, altère sa raison et souvent le conduit au crime, ce qui a fait dire qu'il peuple les asiles d'aliénés et les prisons. Enfin il menace l'espèce et frappe la descendance de l'homme, soit en produisant chez les enfants une mortalité plus grande, soit en donnant à la société des êtres malingres, infirmes ou d'intelligence inférieure. On a constaté que sur quatre cas d'épilepsie, trois sont dus à l'intempérance des parents.

Il est donc de toute nécessité de lutter par l'éducation contre l'alcoolisme.

Au point de vue physiologique, on montrera aux enfants, sur des tableaux anatomiques, les altérations produites dans les organes, en insistant sur les maladies qui en sont la conséquence et dont ils ont certainement entendu parler. On leur rappellera que l'alcoolique n'offre qu'une faible résistance aux germes de la plupart des maladies qui trouvent en lui un terrain propre à leur développement.

Au point de vue social et moral, on leur parlera d'individus qui, en même temps que leur indépendance et leur dignité, ont perdu la situation plus ou moins élevée qu'ils occupaient dans la société, pour tomber dans une situation inférieure, voisine de la misère; les enfants seront ainsi amenés à réfléchir et trouveront sans peine des exemples confirmant les assertions du maître. Des faits très simples, vérifiables par tous, tel est le plus sûr moyen de lutter par l'éducation contre l'alcoolisme.

**4. L'endurcissement physique.** — Il ne faut ni trop complaire à la nature, ni trop la violenter. S'il est bon d'élever un peu durement les enfants, de ne pas les amollir, il est également bon de tenir compte de la diversité des tempéraments. Par l'habitude, on peut surexciter une fonction au détriment des autres ; on peut se créer des besoins factices ou éteindre des tendances qu'il eût fallu suivre. « Beaucoup de gens, « dit Locke, sont devenus gloutons et gourmands par « habitude, qui par nature ne l'étaient pas. Je vois, « dans certains pays des hommes, qui ne font que « deux repas, devenir aussi robustes que d'autres « personnes que, sous l'empire de l'habitude, leur « estomac, comme une sonnette d'alarme, appelle à « table quatre ou cinq fois par jour. » Il est donc nécessaire de faire intervenir l'éducation pour faire contracter à l'enfant des habitudes favorables et l'empêcher de prendre des habitudes nuisibles. — Il faut éviter avec le même soin une éducation trop complaisante qui engendrerait la mollesse, et une discipline trop sévère qui risquerait d'entraver le développement d'organismes vigoureux ou d'éliminer les constitutions faibles.

### LECTURE D'APPLICATION

Extraits de : CHANNING, CONDORCET.

Il faut répandre parmi les ouvriers les jouissances intellectuelles. Sans doute cela ne suffira pas à rendre les gens tempérés ; il y a là néanmoins un puissant secours. Que de gens tombent dans l'ivrognerie faute d'une occupation qui les intéresse ? Dans les grandes villes, combien n'y a-t-il pas de jeunes gens qui, ne sachant pas ce que c'est que la compagnie d'un livre, et tout à fait étrangers aux plaisirs de l'intelligence ne peuvent remplir leurs soirées qu'en courant les lieux publics et en acceptant la société qui s'y trouve?

On nous dit qu'il faut préserver tel ou tel homme de l'ivrognerie, pour l'empêcher « de s'adresser à la Ville » et de devenir une charge pour la cité. Ce motif n'est pas à dédaigner; mais je ne puis attacher un seul moment ma pensée aux quelques centaines ou aux quelques milliers de dollars que coûtent les intempérants. Lorsque je vais au Dépôt de mendicité et que je vois la dégradation, l'hébétement, l'abjection, l'imbécillité, écrits sur le visage de l'ivrogne, j'aperçois une ruine en comparaison de laquelle des frais d'entretien ne sont qu'un grain de sable. Je ne suis pas fâché que la société soit taxée à cause de l'ivrogne. Je voudrais qu'elle le fût davantage. Je voudrais que les charges fussent si lourdes que nous fussions obligés de nous réveiller et nous demander comment on peut sauver l'ivrogne de la ruine.

Nous parlons souvent, comme si les ouvriers, les ignorants, les hommes sans éducation, couraient seuls des dangers, et comme si nous-mêmes n'avions d'autre intérêt dans cette question que l'intérêt d'autrui. Il n'en est pas ainsi, et dans toutes les classes il y a péril. Les jeunes gens sont exposés à l'intempérance, car la jeunesse manque de prévoyance, elle aime l'excitation, elle met le bonheur dans la joie et le bruit, elle a du penchant pour le plaisir des festins; mais les hommes âgés ne sont pas non plus à l'abri, car la vieillesse énerve l'esprit aussi bien que le corps, et nous enlève sans bruit l'empire de nous-mêmes. Les oisifs ne courent pas un moindre danger que l'ouvrier accablé par un travail excessif; car de fatigants désirs naissent dans une tête inoccupée, et l'on cherche avec avidité l'excitation des boissons enivrantes comme un moyen d'échapper à l'insupportable ennui de ne rien faire. Les gens grossiers tombent facilement dans l'intempérance, parce que la brutalité ne les dégoûte pas. Il est plus triste de songer que des hommes de génie et de bon sens ne sont guère moins exposés. L'extrême activité de la pensée épuise plus encore que le travail des mains. Elle use, si je puis m'exprimer ainsi, les esprits subtils, et laisse, ou un affaiblissement du corps qui demande des toniques, ou une agitation continuelle qui cherche un soulagement dans des calmants trompeurs.

Le grand moyen de réprimer l'intempérance dans les classes de la société qui y sont le plus exposées, c'est de leur communiquer ou d'éveiller en elles la force morale. Celui-là est le meilleur ami de la tempérance, dans une haute comme dans une basse condition, dont le caractère et la vie expriment clairement, fortement l'énergie morale. Le plus grand bienfaiteur de la société n'est pas celui qui la sert par des actes isolés, mais celui dont le caractère montre une vie et un esprit plus nobles que ceux de la masse. La puissance de la vertu individuelle surpasse toutes les autres forces. La multiplication de ces hommes qui ont la vraie grandeur et la vraie dignité de l'âme serait le plus certain de tous les présages pour annoncer la suppression de l'intempérance dans toute la société.

(CHANNING, *Œuvres sociales.*)

Les vices du peuple dérivent du besoin d'échapper à l'ennui dans les moments de loisir et de n'y échapper que par des sensations, non par des idées. De là vient, chez presque tous les peuples, l'usage immodéré de boissons ou de drogues enivrantes, remplacé chez d'autres par le jeu ou par les habitudes énervantes d'une fausse volupté. A peine trouvera-t-on une seule nation sédentaire chez laquelle il ne règne pas une coutume plus ou moins mauvaise née de ce besoin de sensations répétées. Si, au contraire, une instruction suffisante permet au peuple d'opposer la curiosité à l'ennui, ces habitudes doivent naturellement disparaître, et avec elles l'abrutissement ou la grossièreté qui en sont la suite.

(CONDORCET, *Rapport à l'Assemblée législative.*)

# 7ᵉ LEÇON

## Éducation des sens.

**1. Définition des sens.** — Les sens sont les différents modes des opérations de l'âme dans ses rapports avec le monde matériel; ainsi, le sens de la vue, c'est l'âme qui voit à l'aide d'un organe qui est l'œil.

**2. Nécessité de l'éducation des sens.** — L'éducation des sens peut être considérée comme formant la transition entre l'éducation physique et l'éducation intellectuelle, car elle a en même temps pour objet la perception sensible et la formation de l'esprit. Sans une connaissance exacte des propriétés visibles et tangibles des objets, nos conceptions risqueraient d'être fausses et nos inductions défectueuses. Les organes des sens peuvent être parfaits au point de vue physiologique, si nous n'avons pas appris à interpréter les sensations qu'ils nous fournissent, nous ne savons ni voir, ni toucher, ni entendre. Ainsi, un arbre situé à la même distance de deux personnes dont l'organe de la vue est bien conformé, produira dans l'œil de chacune exactement la même image; si l'une des personnes a l'habitude d'évaluer les hauteurs, elle pourra exprimer à peu de chose près celle de l'arbre, tandis que l'autre, que nous supposerons appelée pour la première fois à faire une évaluation de ce genre, commettra une grosse erreur. Il est donc nécessaire de faire l'éducation des sens pour leur donner toute la précision, toute la finesse dont ils sont susceptibles.

**3. Éducation du toucher.** — Les impressions de contact sont perçues par la peau parsemée de papilles en communication avec les nerfs; ceux-ci peuvent être considérés comme des fils électriques conducteurs qui transmettent l'impression au cerveau. — L'organe du toucher est la main. Pour connaître un corps, le contact ne suffit pas; la main doit se mouler pour ainsi dire sur l'objet, pour en percevoir la forme et le relief.

Il faut apprendre à l'enfant à toucher, en lui mettant entre les mains les divers objets qui constituent le musée scolaire. On lui fera apprécier la consistance, la forme, le degré de poli ou de rugosité, la température, la conductibilité de la chaleur, le relief s'il y a lieu, la légèreté, l'épaisseur et le moelleux s'il s'agit d'une étoffe. C'est encore à l'aide de la main qu'on pourra lui donner une idée de la densité d'un corps. Il est bon de remarquer que dans ce dernier cas, ce n'est pas le toucher qui intervient; la connaissance résulte de la pression plus ou moins grande exercée par le corps sur la main, considérée comme l'extrémité du levier constitué par l'avant-bras.

Les exercices scolaires qui tendent à développer l'habileté de la main sont les travaux manuels (pliage, tressage, tissage, découpage, travaux en fil de fer), et le dessin.

Parmi les jeux qui peuvent contribuer à l'éducation du toucher, citons le colin-maillard.

**4. Éducation de l'ouïe.** — L'ouïe est le sens par lequel nous percevons l'impression des sons.

Il faut faire distinguer à l'enfant les bruits des sons. Les uns et les autres proviennent des vibrations des corps; si les vibrations sont lentes et irrégulières, il se produit un bruit; si elles sont rapides et régulières, il se produit un son.

L'éducation de l'ouïe a pour but de faire distinguer à l'enfant la nature des bruits et les qualités des sons. Combien de personnes sont prises de peur pendant la nuit parce qu'elles ne savent pas reconnaître la nature d'un bruit?

Les exercices scolaires qui peuvent favoriser l'éducation de l'ouïe sont la lecture expressive, la récitation, la musique et le chant.

Parmi les jeux, il n'y a que le colin-maillard et le jeu de cache-cache dont on puisse tirer parti.

**5. Éducation de la vue.** — La vue nous permet de distinguer les couleurs, d'évaluer les longueurs et les distances, d'apprécier le relief des corps.

Pour faire distinguer les couleurs aux enfants, le maître leur montrera, disposées par bandes sur un carton, les sept couleurs du spectre solaire, puis, au moyen d'échantillons de laine teinte qu'il est toujours possible de se procurer, il leur fera distinguer les nuances intermédiaires.

Pour l'évaluation des longueurs, on peut employer divers procédés : lignes horizontales, lignes verticales et lignes obliques tracées au tableau noir, collection de petites baguettes de longueurs différentes mais déterminées, de 1 décimètre à 1 mètre, par exemple, règle plate munie d'un curseur et portant des divisions sur l'une de ses faces. Pour se servir de cette règle, le maître présente aux élèves la face non divisée et il leur fait apprécier la longueur déterminée par la position du curseur. Lorsque ces exercices fréquemment répétés ont mis les élèves en état d'apprécier assez exactement les longueurs horizontales, verticales ou obliques, on passe aux applications, c'est-à-dire à l'appréciation de la longueur ou de la hauteur d'un mur, de la longueur ou de la hauteur d'une table, de la hauteur d'un arbre, de la distance à laquelle on se trouve d'un point ou d'un objet.

Quand les conditions dans lesquelles nous avons coutume de percevoir les objets viennent à changer, il y a une éducation nouvelle à faire; les changements de position produisent des changements de grandeur apparente. Deux lignes d'égale longueur, l'une verticale, l'autre horizontale, ne produisent pas la même impression sur l'œil. Une personne non prévenue, invitée à indiquer le point du mur qu'atteindra un chapeau à haute forme posé sur le parquet indiquera un point beaucoup trop élevé. On peut encore citer l'exemple ci-dessous : les deux horizontales sont d'égale longueur, mais les obliques ajoutées aux extrémités en modifient la grandeur apparente.

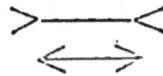

Les changements dans l'éclairage des objets amènent aussi des changements dans la perception des couleurs. Nous avons l'habitude de voir les objets dans la lumière blanche du soleil ; tout éclairage nouveau nécessite une nouvelle éducation de la vue.

La vue nous fait percevoir le relief réel des corps ; par l'éducation nous le percevons encore, même lorsqu'il n'est qu'une illusion, c'est-à-dire lorsqu'il résulte du jeu de la lumière et de l'ombre sur une surface plane.

Les exercices scolaires qui peuvent contribuer à l'éducation de la vue, sont les divers travaux manuels et le dessin.

Parmi les jeux, ceux dont on peut tirer parti sont : le jeu de billes, les divers jeux de balle et de ballon, le jeu de barres qui exige l'évaluation rapide des distances, le jeu de boules et le jeu de quilles.

Nous ne croyons pas devoir nous occuper de l'éducation du goût et de l'odorat, parce que ces deux sens participent peu à la vie intellectuelle.

Les sens se prêtent un mutuel secours. La vue peut suppléer, dans une certaine mesure, le toucher et nous servir à juger de l'éloignement, de la grandeur réelle et du volume des objets ; réciproquement, le toucher peut suppléer la vue lorsqu'on se trouve dans l'obscurité, par exemple. Chez l'aveugle, le toucher et l'ouïe se substituent à la vue et acquièrent une délicatesse de perception extraordinaire.

Lorsque la vue est interceptée par un obstacle, lorsque la lumière manque, lorsque le contact fait défaut, c'est l'ouïe qui nous avertit.

On peut dire que l'éducation des sens consiste encore à associer les données d'un sens à celles des autres sens pour donner une perception plus vive, plus rapide et plus nette.

**6. Cas de perception anormale.** — Dans quelques maladies, les nerfs sont surexcités, et de même que la sensibilité du fiévreux, en ce qui concerne le froid, devient plus grande, de même la sensibilité de chacun des sens peut devenir plus délicate.

Les charlatans exploitent ces phénomènes physiologiques qui n'ont rien de merveilleux. Le don de seconde vue n'existe pas, mais un somnambule ou un individu hypnotisé peut parfois entendre à une grande distance, lire à travers une enveloppe, percevoir des phénomènes très faibles qui échappent aux autres personnes. De même que certaines substances dites anesthésiques diminuent ou suppriment la sensibilité, de même certains états particuliers du système nerveux peuvent l'augmenter. Il n'y a là rien de surnaturel.

## LECTURE D'APPLICATION

Extraits de : ROUSSEAU, BAIN.

Les premières facultés qui se forment et se perfectionnent en nous sont les sens. Ce sont donc les premières qu'il faut cultiver; ce sont les seules qu'on oublie, ou celles qu'on néglige le plus.

Exercer les sens n'est pas seulement en faire usage, c'est apprendre à bien juger par eux, c'est apprendre pour ainsi dire à sentir : car nous ne savons ni toucher, ni voir, ni entendre, que comme on nous a appris. N'exercez donc pas seulement les forces, exercez tous les sens qui les dirigent; tirez de chacun d'eux tout le parti possible, puis vérifiez l'impression de l'un par l'autre. Mesurez, comptez, pesez, comparez. N'employez la force qu'après avoir estimé la résistance : faites toujours en sorte que l'estimation de l'effet précède l'usage des moyens. Intéressez l'enfant à ne jamais faire d'efforts insuffisants ou superflus. Si vous l'accoutumez à prévoir ainsi l'effet de tous ses mouvements, et à redresser ses erreurs par l'expérience, n'est-il pas clair que plus il agira, plus il deviendra judicieux?

Êtes-vous enfermé dans un édifice au milieu de la nuit, frappez des mains; vous apercevrez au résonnement du lieu, si l'espace est grand ou petit, si vous êtes au milieu ou dans un coin. Restez en place et tournez-vous successivement de tous les côtés; s'il y a une porte ouverte, un léger courant d'air vous l'indiquera.

Autant le toucher concentre ses opérations autour de l'homme, autant la vue étend les siennes au delà de lui. Le sens de la vue n'a, pour juger la grandeur des objets et leur distance, qu'une même mesure, savoir, l'ouverture de l'angle qu'ils font dans notre œil; et comme cette ouverture est un effet simple d'une cause composée, le jugement qu'il excite en nous laisse chaque cause particulière indéterminée, ou devient nécessairement fautif. Car comment distinguer à la simple vue si l'angle sous lequel je vois un objet plus petit qu'un autre est tel, parce que ce premier objet est en effet plus petit, ou parce qu'il est plus éloigné?

Nous n'avons nulle précision dans le coup d'œil pour juger les hauteurs, les longueurs, les profondeurs, les distances; et la preuve que ce n'est pas tant la faute du sens que de son usage, c'est que les ingénieurs, les arpenteurs, les architectes, les maçons, les peintres, ont en général le coup d'œil beaucoup plus sûr que nous, et apprécient les mesures de l'étendue avec plus de justesse; parce que leur métier leur donnant en ceci l'expérience que nous négligeons d'acquérir, ils ôtent l'équivoque de l'angle par les apparences qui l'accompagnent, et qui déterminent plus exactement à leurs yeux le rapport des deux causes de cet angle.

(ROUSSEAU, Émile.)

On parle beaucoup d'exercer les sens et de faire leur éducation, sans bien définir ce que l'on entend par là. Ici encore il y a une éducation générale qui convient à tous et une éducation spéciale pour certains arts. Exercer un sens c'est accroître sa facilité naturelle de discernement : ainsi on apprend à distinguer les nuances les plus délicates de couleur, de ton, d'odeur, de goût et de sensations fournies par le toucher... Cette faculté supérieure de saisir les nuances des sensations donnera une meilleure mémoire pour tout ce que l'on peut voir, entendre et toucher, de sorte que la faculté concrète de conception se trouvera en même temps accrue.

Sans parler de tel ou tel art spécial, on sait que tout le monde n'a pas la même adresse manuelle dans toutes les petites circonstances de la vie, et que c'est un grand avantage d'être adroit. Toutefois, c'est là un point dont le maître d'école ne doit s'occuper qu'en vue de son enseignement régulier. Si les enfants prennent intérêt à une occupation manuelle, ils y deviendront adroits ; mais ce serait une erreur que de permettre à leur esprit d'être absorbé par des travaux inférieurs, au détriment d'occupations plus élevées.

(BAIN, *La Science de l'éducation.*)

## II

### ÉDUCATION INTELLECTUELLE

## 8ᵉ LEÇON

### Facultés Intellectuelles.

SOMMAIRE. — **1.** Facultés intellectuelles. — **2.** Perception extérieure. — **3.** Perception intérieure. — **4.** Phénomènes psychologiques inconscients ou impressions inaperçues.

**1. Facultés intellectuelles.** — L'éducation intellectuelle a pour but d'exercer, d'assouplir et de développer l'esprit de l'enfant. Il ne faut pas la confondre avec l'instruction qui a pour objet l'acquisition des connaissances nécessaires.

Notre activité intellectuelle peut se manifester soit en observant ce qui nous entoure, soit en évoquant des souvenirs, soit en établissant des rapports que nous comparons entre eux. L'intelligence peut donc agir de différentes manières qu'on a appelées *facultés intellectuelles.*

Les facultés intellectuelles peuvent être réparties en

trois groupes : 1° les facultés d'acquisition ; perception extérieure, perception intérieure ou conscience ; 2° les facultés de conservation : mémoire, association des idées, imagination ; 3° les facultés d'élaboration : attention, abstraction, généralisation, jugement, raisonnement.

**2. Perception extérieure.** — La perception extérieure est la faculté par laquelle l'esprit entre en communication avec le monde extérieur et acquiert directement la connaissance des qualités sensibles. Faire l'éducation des sens et observer attentivement, telles sont les conditions nécessaires au développement de la perception.

**3. Perception intérieure.** — La perception intérieure ou conscience est la faculté de reconnaître ce qui se passe en nous. Appliquée à la distinction du bien et du, mal, elle prend le nom de *conscience morale*.

La conscience attentive, c'est-à-dire portée volontairement sur soi-même ou vers un objet extérieur, s'appelle *réflexion*.

La conscience sans la volonté est plus ou moins vague ou diffuse ; elle accompagne les actes dits *inconscients*.

**4. Phénomènes psychologiques inconscients ou impressions inaperçues.** — Il y a dans notre vie mentale une multitude de phénomènes qui passent inaperçus. L'impression qui résulte de certains actes ou qui est produite par les objets qui nous entourent, est d'autant plus confuse qu'elle est plus habituelle ; elle n'est pas assez vive pour saisir et exciter la conscience. Exemples : Chaque soir je remonte ma montre ; c'est une opération apprise qui suppose quelque conscience, cependant il m'arrive souvent, après quelques minutes écoulées, de me demander si je l'ai remontée. Il y a donc eu à la fois une opération consciente et une information si confuse qu'il n'en reste aucune trace dans mon esprit. Au milieu d'une grande ville, je peux me promener en lisant un journal, absolument étranger à tout ce qui se passe autour de moi ; cependant si une voix bien connue se fait entendre, aussitôt ma conscience s'éveille. Il y avait donc en moi comme une information vague et confuse du bruit qui se faisait autour de moi.

Il y a dans notre vie intérieure une foule de faits à la fois conscients dans un sens et inaperçus cependant, c'est-à-dire soustraits à la conscience attentive. Il arrive souvent que l'ensemble de ces petites perceptions donne le ton à nos actions et à nos pensées. Ce sont elles qui constituent notre caractère, notre humeur ; tristes ou gaies, elles retentissent en nous plus ou moins confusément. Bonnes ou mauvaises, rudes ou douces, toutes les impressions qui nous viennent du climat, du milieu dans lequel nous vivons, de nos lectures, des personnes que nous fréquentons, contribuent à nous faire ce que nous sommes.

Il suit de là que l'éducateur doit veiller à ce que toutes les impressions que reçoit l'enfant à son insu soient saines et de nature à exercer une heureuse influence sur son humeur et sur son caractère. A un enfant d'un naturel indolent et mou, on donnera des impressions fortes à l'aide de récits et de lectures bien choisies ; à un enfant violent, brutal, on s'appliquera à donner, par les mêmes moyens, des impressions douces et délicates. La vue des belles choses, la culture des arts sont également propres à modifier la violence du naturel.

Mais il ne faut pas oublier qu'il est peu digne d'un homme d'être à la merci d'impressions inconscientes. Il faudra donc faire appel à la raison de l'enfant, l'habituer à réfléchir et à se rendre compte de ce qu'il éprouve, en un mot à contrôler ses premières impressions.

## LECTURE D'APPLICATION

### Extraits de : Coménius, Janet.

Nous n'arrivons à la science que par la perception sensible du présent, duquel nous concluons à ce qui ne l'est pas. L'intuition remplace la démonstration. Il est bon d'étudier une chose sous toutes ses faces ; on ne saisit une chose que quand ou l'a étudiée dans son intérieur, de même qu'on en a étudié le dehors avec les sens. Mais pour arriver à cette connaissance intime de l'objet, il faut un coup d'œil sain, un objet clair de sa nature, et une observation soutenue.

Instruire la jeunesse, ce n'est pas lui inculquer un amas de mots, de phrases, de sentences, d'opinions recueillies dans les auteurs, c'est lui ouvrir l'entendement par les choses. Il faut lui offrir non les ombres des choses, mais les choses elles-mêmes qui font impression sur les sens et l'imagination. L'instruction doit commencer par une observation réelle des choses et non par une description verbale.

(Coménius, *la Nouvelle Méthode.*)

C'est à la conscience que nous devons les idées de tous les phénomènes qui se passent en nous, c'est-à-dire des phénomènes intellectuels et moraux. C'est par elle que nous apprenons ce que c'est que *plaisir* et *douleur*, *joie* et *tristesse*, *désir* et *espérance*, *souvenir* et *réflexion*, etc.

C'est encore à la conscience que nous devons l'idée de *pouvoir*, de *cause*, de *force* puisée dans le sentiment que nous avons de notre propre force, celle par laquelle nous commandons à nos organes, ou même à nos facultés et à nos passions.

C'est enfin à la conscience que nous devons l'idée d'*âme*, d'esprit, c'est-à-dire de l'être qui éprouve tous les phénomènes que nous venons de signaler et par lesquels nous nous distinguons de nos organes et de notre corps.

(JANET, *Psychologie.*)

## 9ᵉ LEÇON

### Facultés de conservation.

SOMMAIRE. — **1.** La mémoire. — **2.** Culture de la mémoire.

**1. La mémoire.** — La mémoire est la faculté par laquelle l'esprit pense de nouveau ce qu'il a pensé déjà, en reconnaissant qu'il l'a pensé auparavant.

La mémoire se manifeste chez le jeune enfant ; il reconnaît les personnes au milieu desquelles il vit, ainsi que les objets à son usage. Elle se modifie avec l'apparition et le développement des facultés ; d'abord sensitive, elle devient ensuite intellectuelle, et chacun retient plus volontiers ce qui s'accommode le mieux à son tour d'esprit. La mémoire étant une habitude de l'esprit, chacun a son genre de souvenirs qu'il retient avec une sorte de préférence. L'un est visuel, il retient dans un objet l'image, l'autre est auditif, il retient le mot, c'est-à-dire le son ou l'assemblage des sons qui le désigne ; tel a la mémoire des couleurs, tel autre des formes, des dates, etc.

La mémoire est capable de qualités différentes ; elle peut être facile, fidèle et prompte. On trouve rarement une mémoire réunissant ces trois qualités ; mais une mémoire réunissant les trois défauts opposés, c'est-à-dire, lente, fugitive et rebelle, est heureusement plus rare encore.

**2. Culture de la mémoire.** — La culture de la mémoire repose sur l'exercice des sens, l'attention de l'esprit et les affections de l'âme.

Ainsi la mémoire des mots tient à la perfection de la vue et de l'ouïe. La répétition mentale suffit souvent pour retenir ce que l'on veut apprendre, mais la répétition à demi-voix est la plus favorable ; on puise ainsi à deux sources : l'ouïe et la vue. La lecture et la récitation sont d'excellents moyens pour cultiver la mémoire.

Dans le premier âge, la culture de la mémoire n'est autre que celle de l'attention ; il suffit de fournir aux enfants des sujets d'observation qui puissent les intéresser et par suite les rendre attentifs. Du même coup, la mémoire s'exerce et se fortifie sans préjudice pour les autres facultés. Le vocabulaire s'enrichit en même temps, car une idée nouvelle suscite un mot nouveau, et ce mot est retenu parce qu'il représente une idée que l'enfant possède.

La mémoire dépend, au début, de la sensibilité. Chacun sait que les faits auxquels se joint une émotion vive, plaisir ou peine, se gravent dans l'esprit d'une manière plus durable que ceux qui laissent la sensibilité indifférente. Tout ce qui touche, tout ce qui plaît, tout ce qui parle au cœur s'apprend plus rapidement et se retient mieux que le reste.

On ne doit rien donner à apprendre par cœur qui

n'ait été parfaitement expliqué et compris, car si la mémoire sert le jugement, à son tour le jugement est le meilleur auxiliaire de la mémoire.

L'ordre aide considérablement la mémoire. Grâce à l'ordre, elle retient et retrouve à volonté une quantité incroyable de faits. Cela est si vrai, qu'à défaut de l'ordre naturel, logique, le seul qui satisfasse l'esprit, chacun se forme un ordre de convention, essaie d'établir entre les idées, certains rapports plus ou moins factices qui permettent à la mémoire de les retrouver les unes à la suite des autres. Tous les procédés mnémotechniques qui consistent à associer des idées à des sons, à des images, selon des rapports plus ou moins empiriques, ont pour but de répondre à ce besoin ; mais s'ils peuvent rendre quelques services, ils sont loin d'être aussi efficaces que l'ordre naturel qui établit entre les idées des liens rationnels.

On s'est beaucoup élevé de nos jours contre le mot à mot, contre les choses apprises par cœur en dehors de la récitation ; il est bon de remarquer cependant qu'il y a, dans toutes les parties des programmes, des choses qui réclament l'usage de la mémoire du mot à mot, par exemple, les dates en histoire, les règles en grammaire, les définitions, les formules scientifiques, les énoncés de théorèmes, des lois, des principes.

Les récitations textuelles littérales ne sont mauvaises que lorsqu'elles sont inintelligentes, lorsque l'élève ne comprend pas ce qu'il récite.

## LECTURE D'APPLICATION

Extraits de : DUGALD STEWART, BAIN.

L'habitude de classer et d'ordonner les idées est la principale source des progrès dont la mémoire est susceptible. Les avantages qui résultent pour la mémoire d'une bonne classification de nos idées seront mieux compris, si l'on fait attention aux effets que produit cet ordre dans la conduite des affaires communes de la vie.

Ce n'est pas tout. Si l'on veut retenir ce qu'on sait, et le retenir d'une manière distincte et permanente, il faut le rappeler souvent à son souvenir. Mais comment opérer ce rappel sans un ordre et un arrangement méthodique? ou, en supposant qu'on pût l'opérer sans ce secours, que de temps et de peine ne faudrait-il pas pour passer en revue les objets si variés de nos connaissances en les envisageant en détail et d'une manière isolée! Ce temps et ce travail diminuent à mesure qu'on réduit ces objets en système. L'esprit est habituellement occupé, non de faits détachés, mais de principes généraux en beaucoup plus petit nombre. Il peut, à l'aide de ceux-ci, et dès que l'occasion le requiert, se rappeler une infinité de faits particuliers qui leur sont associés, et dont chacun, envisagé comme une vérité isolée, aurait été pour la mémoire un fardeau tout aussi pénible que peut l'être le principe général qui les renferme tous.

(DUGALD STEWART, *Éléments de la philosophie de l'esprit humain.*)

La mémoire est la faculté qui joue le plus grand rôle dans l'éducation. C'est elle qui rend possibles les accroissements intellectuels ou, en d'autres termes, l'acquisition de capacités que la nature ne nous avait pas données.

Toute impression que nous subissons a une certaine durée si elle est assez forte pour éveiller la conscience au moment où elle se produit; elle peut persister après que la cause à laquelle elle est due a cessé d'agir; elle peut reparaître plus tard, à l'état d'idée ou d'impression renouvelée par la mémoire. Il est rare qu'un fait qui ne s'est produit qu'une seule fois laisse une idée durable qui puisse revenir d'elle-même ; le plus souvent il faut pour cela plusieurs répétitions du même fait. La fixation de l'impression exige un certain temps ; il faut ou prolonger le premier choc ou le renouveler à plusieurs reprises différentes.

La puissance absolue de la rétentivité dans un esprit donné est une quantité limitée. Le seul moyen d'étendre cette limite est d'empiéter sur une des autres facultés de l'esprit, ou encore de surexciter tout l'ensemble des facultés intellectuelles, aux dépens des fonctions du corps. On peut obtenir une mémoire extraordinaire aux dépens de la raison, du jugement et de l'imagination, ou aussi en sacrifiant la sensibilité. Ce n'est pas là un résultat à désirer.

(BAIN, *La Science de l'éducation.*)

# 10e LEÇON

## Facultés de conservation (*suite*).

SOMMAIRE. — 1. Association des idées. — 2. Association des idées chez l'enfant. — 3. Danger des associations d'idées irrationnelles. — 4. Avantages de l'association des idées.

**1. Association des idées.** — L'association des idées est une opération de l'esprit en vertu de laquelle une idée en suggère ou en rappelle une autre. Cette opération aide considérablement la mémoire et sert l'imagination.

Nous associons nos idées selon des rapports naturels et selon des rapports artificiels. Les rapports naturels sont les rapports de contiguïté, de ressemblance, de cause à effet, de moyen à fin, de

principe à conséquence. Les rapports artificiels sont
des rapports de contiguïté et de ressemblance acci-
dentelles, de consonance entre les mots qui expriment
les idées.

L'association a lieu aussi bien entre les sentiments
et les actes qu'entre les idées, entre des sons et des
images, entre des signes et des sons. Pour apprendre
à lire, on associe tantôt un son à une image, tantôt
un son à une lettre ou à un groupe de lettres.

**2. Association des idées chez l'enfant.** —
Les enfants, dès le plus jeune âge, associent des faits,
c'est-à-dire que lorsqu'ils ont été témoins de deux
faits se produisant en même temps ou successivement, si le premier vient à se produire, ils sont dans
l'attente du second. Ainsi un tout jeune enfant a
remarqué que lorsque sa mère prend certain vêtement, elle le conduit à la promenade ; s'il éprouve du
plaisir à sortir, il manifestera sa joie dès qu'il verra
sa mère prendre le vêtement.

Les enfants associent les idées selon les habitudes
du milieu où ils ont vécu ; ils acceptent même parfois
sans contrôle des associations d'idées toutes faites
qui deviennent pour eux des vérités auxquelles on ne
peut toucher. C'est ainsi que se transmettent les
erreurs populaires et les superstitions.

**3. Danger des associations d'idées irra-
tionnelles.** — Il importe de tenir avec soin l'enfant
à l'abri des associations inexactes et irrationnelles ; il
faut lui épargner tous ces contes de la veillée, amu-
sants ou terribles, toutes ces histoires de revenants
ou de voleurs qui font sur lui une vive impression et
faussent son esprit. Si l'on constate déjà chez lui
l'existence de quelque préjugé, il faut lui montrer

tous les cas qui le démentent, et lui faire sentir combien il est absurde d'y croire; en un mot, il faut faire appel à son bon sens et à sa raison. C'est en faisant associer aux enfants l'idée de danger et de revenants qu'on les rend peureux la nuit, toute leur vie.

Nombreuses sont les associations d'idées contre lesquelles on doit se mettre en garde. Ainsi le nom d'un homme et son caractère sont deux choses distinctes; cependant si le caractère de cet homme nous est odieux, son nom nous le devient aussi. Nous sommes souvent portés à attribuer à une personne que nous ne connaissons pas, le caractère d'une personne connue à laquelle elle ressemble; de là bien des préventions injustes. Parfois chez l'ouvrier, l'idée du labeur quotidien s'associe à l'idée du patron qui l'emploie, et il reporte sur celui-ci la haine qu'il a pour sa condition. De même l'élève paresseux déteste la matière d'enseignement qui lui vaut quelques punitions ou l'ouvrage dans lequel on lui a fait copier ses pensums, tandis qu'il ne devrait s'en prendre qu'à lui-même. Il est donc nécessaire de surveiller toutes les associations d'idées que fait l'enfant et d'y couper court dès qu'elles sont contraires à la vérité.

**4. Avantages de l'association des idées.** — Mais si les associations d'idées irrationnelles présentent des inconvénients, celles qui reposent sur des rapports logiques peuvent être d'un grand secours en éducation. Dans le travail intellectuel, elles aident la mémoire; grâce à elles, l'esprit n'est pas obligé de tout retenir; les idées se groupent autour de quelques points fondamentaux qu'il suffit de se rappeler. Il faudra donc bien faire ressortir aux yeux de l'enfant

les points à retenir, soit en revenant plusieurs fois sur
ces points dans la leçon, soit en les écrivant au
tableau noir, soit en les faisant entrer dans un résumé
à copier. On lui montrera également comment les
idées secondaires découlent des idées principales ; il
se formera dans son esprit une association volontaire
et réfléchie, et l'exercice aidant, on arrivera à ce
résultat que l'idée fondamentale réveillera les idées
accessoires, et les souvenirs reviendront en foule.

L'association des idées n'est pas moins nécessaire
dans l'éducation morale. Il n'est pas douteux que l'influence d'associations d'idées formées au début de la
vie puisse fortifier en nous les meilleurs principes
d'action. Les enfants sont naturellement disposés à
associer des idées ou des sentiments à des événements,
à des situations soumises à tous les caprices de la
fortune ; c'est ainsi qu'en général ils associent l'idée
de richesse à l'idée de bonheur, l'idée de travail à
l'idée de peine, que les ennemis d'un gouvernement
le rendent responsable de la médiocrité des récoltes
ou d'un malheur public. Il faut habituer l'enfant à
surveiller ses associations, pour le rendre capable de
les apprécier sainement.

Le maître qui aura bien étudié le caractère de ses
élèves, la nature de leurs sentiments, le cours habituel
de leurs pensées, trouvera aisément le moyen d'agir
sur eux et de les conduire à son gré.

Le secret de l'éducation est de faire naître ou de
développer dans l'esprit des enfants des associations
d'idées telles qu'ils s'habituent à exercer leur intelligence au profit du vrai et leur activité au profit du
bien.

## LECTURE D'APPLICATION

Extrait de : MAINE DE BIRAN.

L'analogie des sons, des mots, comme celle de toute espèce d'impressions, d'idées, etc., ne peut être fondée que sur leur identité partielle, sur la reproduction fréquente des éléments semblables qui les composent. Y a-t-il plusieurs de ces éléments communs entre deux termes ou deux suites de termes, l'organe préoccupé de l'une est déjà tout disposé à se prêter à l'autre. C'est tout à la fois changement et constance, variété et uniformité; de là, la facilité, l'attrait. Au contraire, faut-il passer d'une série familière à une autre opposée, ou qui ne renferme aucun élément commun, il faut faire violence à toutes ses habitudes; de là, les difficultés, la peine. Lorsqu'on est accoutumé, par exemple, à ne réciter que des vers, on apprend en général assez difficilement la prose. Les désinences semblables, le retour périodique des mêmes syllabes, surtout le rythme, la mesure, sont autant d'analogies qui donnent des ailes à la mémoire.

Quoique le rythme de la poésie ne soit qu'un résultat du choix et de l'arrangement des mots, il est remarquable qu'il se retient souvent indépendamment de ces mots, se transforme avant eux en habitude, et devient ainsi le premier mobile de la mémoire. Le rythme est aux habitudes de l'oreille, ce que la symétrie est à celles de l'œil.

(MAINE DE BIRAN, *Influence de l'habitude sur la faculté de penser.*)

# 11ᵉ LEÇON

## Facultés de conservation (suite).

SOMMAIRE. — **1**. L'imagination. — **2**. Ses différentes formes. — **3**. L'imagination chez l'enfant. — **4**. Moyens de la développer. — **5**. Avantages. — **6**. Inconvénients.

**1. L'Imagination.** — L'imagination est la faculté par laquelle l'esprit se représente les objets ou les phénomènes comme s'ils étaient actuellement présents aux sens, alors qu'ils sont absents ou peuvent même n'avoir jamais existé.

**2. Ses différentes formes.** — On distingue deux formes de l'imagination : l'imagination *reproductrice* et l'imagination *créatrice*.

La première forme, qu'on appelle encore mémoire *imaginative*, n'est en effet que la mémoire à laquelle vient s'ajouter une certaine vivacité de représentation ; elle peut faire réapparaître dans notre conscience nos perceptions anciennes, aussi intenses, aussi précises que la première fois. Chacun sait avec quelle netteté, avec quelle précision dans les détails on peut se représenter l'intérieur d'une maison habitée pendant de longues années; c'est cette représentation mentale des choses autrefois perçues qui constitue l'imagination reproductrice. Elle est en raison de la durée de la perception, de la vivacité de l'impression produite et de la sensation qui en résulte, par conséquent elle dépend beaucoup des sens et des habitudes données à la mémoire et à l'attention.

L'imagination créatrice ne crée en réalité que les

formes, les combinaisons ; elle prend les éléments que lui fournissent la mémoire et l'association des idées, et elle compose des œuvres nouvelles, tel l'architecte qui construit un nouveau palais, un nouveau château, à l'aide d'éléments pris dans diverses constructions, tel encore le romancier qui, pour créer un type, rassemble divers traits qu'il a recueillis par l'observation.

Le degré le plus élevé de l'imagination créatrice prend le nom de *génie*. Il résulte du concours des facultés de l'âme portées au plus haut degré de puissance dont elles soient capables ; c'est le génie qui fait employer des symboles, des figures et des images pour exprimer des idées.

**3. L'imagination chez l'enfant.** — L'imagination reproductrice existe chez l'enfant car il est essentiellement imitateur, et l'imitation est une conséquence de l'imagination. Qui n'a vu un jeune écolier jouer au maître d'école et faire la classe à des chaises ? C'est là en même temps un fait d'imitation et d'imagination reproductrice.

L'invention chez l'enfant suit de près l'imitation ; s'il a des jouets, il les transforme ; s'il n'en a pas, il en fabrique.

L'imagination existe donc bien chez l'enfant, mais il ignore les lois de la nature ; de là, la facilité avec laquelle il prête une réalité aux plus étranges conceptions.

L'imagination des enfants n'est pas une ennemie à combattre ; il faut donner à cette faculté une direction utile. L'écueil à signaler, c'est la confusion des possibilités entrevues par l'imagination avec les probabilités indiquées par la raison. Les probabilités d'obtenir quelque chose d'avantageux que l'on désire, ne sont pas plus grandes que celles d'éprouver ce que l'on craint. Cependant que de gens espèrent bien plus gagner le gros lot à une loterie ou à un tirage financier qu'ils ne craignent d'être frappés de la foudre ou de trouver la mort en chemin de fer.

**4. Moyens de la développer.** — Les enfants doués d'une imagination vive comprennent mieux et sentent plus vivement, car ils voient pour ainsi dire les faits qu'on leur expose et qu'on ne peut mettre sous leurs yeux. Il y a donc lieu non seulement de diriger mais parfois de développer l'imagination. On la dirige en la soumettant à une certaine discipline, en exerçant l'attention, la réflexion et la raison. On peut la développer par la récitation de morceaux bien choisis et bien compris, par la lecture intelligente, par les leçons d'histoire, par les récits de voyages, par des exercices de composition et d'invention et par une initiation suffisante aux arts (chant, dessin, modelage).

**5. Avantages.** — C'est l'imagination qui fait que l'enfant se complaît dans d'innocentes fictions et écoute sans se lasser « les contes bleus qui sont la poésie de son âge ». C'est elle qui, sans nous égarer, nous fait vivre pour un instant conformément à l'idéal que chacun porte en soi, idéal trop souvent refoulé par les préoccupations de la vie pratique; c'est elle encore qui entretient en nous l'espérance et nous montre l'avenir un peu plus brillant qu'il ne le sera peut-être dans la réalité.

Ajoutons à ces bienfaits qu'elle nous vient en aide dans tous nos travaux. N'est-elle pas nécessaire à l'instituteur pour inventer des procédés d'enseignement qui lui permettent de se faire comprendre même

par les élèves le moins intelligents? Enfin elle nous
est nécessaire même pour faire le bien, car c'est elle
qui nous rend sensibles aux misères des autres et qui
nous fournit les moyens de leur venir en aide sans
froisser leur sensibilité.

**6. Inconvénients.** — Mais si l'imagination présente des avantages, elle a aussi des inconvénients ou
des dangers. Dès qu'elle cesse d'être guidée par la
raison, elle s'égare dans des chimères, elle nous porte
à bâtir des châteaux en Espagne, et elle peut devenir
la source des plus amères déceptions. En altérant les
rapports réels des choses, en les transformant au gré
de nos passions, elle nous expose à mal juger, et les
erreurs qu'elle nous fait commettre influent à leur
tour sur notre conduite. De même, les mauvaises lectures, excitant l'imagination, peuvent donner au vice
des couleurs séduisantes, et certains héros de roman
peuvent exercer une influence funeste sur l'esprit des
enfants.

Ajoutons que si une imagination gaie nous dispose
à l'indulgence, une imagination sombre et triste nous
rend injustes envers les hommes en nous faisant
exagérer leurs défauts.

### LECTURE D'APPLICATION

Extrait de : M<sup>me</sup> NECKER DE SAUSSURE.

L'éducation, à son début dans l'individu, a trouvé
l'imagination toute puissante. La voyant décider de tout
et mal décider, son premier soin a été de susciter des
forces contraires; pourtant, ce n'est pas là tout ce qu'on
lui demande. On veut que, tout en contenant l'imagination, l'éducation la rende aimable, douce, riante, féconde
s'il se peut, autant que sage. Il y a une culture à lui
donner, puisqu'on veut moins l'étouffer qu'en modifier

la nature. Exercer innocemment l'imagination est aussi nécessaire que la contenir, et peut-être ne la contient-on que lorsqu'on l'exerce. L'œuvre de la répression et celle de la culture doivent donc, à ce qu'il semble, marcher de front ; mais dans les différentes branches de l'éducation, l'une ou l'autre prend plus d'importance.

Les enfants dénués d'imagination ne sont pas les plus méchants de tous, mais ce sont les plus désagréables. Avec eux, la difficulté générale de l'instruction est insurmontable. Livrés à l'égoïsme naturel à leur âge, ils n'en ont ni la grâce ni la gaieté. Si l'absence de nobles intérêts les laisse accessibles aux plaisirs des sens, on ne peut néanmoins les leur proposer pour récompense, tant ils sont hors d'état de les prévoir. On ne sait par où les prendre, et quand par hasard ils conçoivent un désir, leur volonté, comme une masse compacte, se porte tout entière d'un seul côté. Avec eux, les dédommagements, les compensations sont impossibles.

Plus l'importance réelle d'un objet est grande, plus il est à redouter que l'imagination, en s'y attachant, ne fasse lâcher prise à la raison, à la conscience. Dérobons le plus possible à ses caprices tout ce qui est en nous principe de conduite, mobile d'action, tout ce qui dans un cœur trop faible et trop inflammable peut prendre le caractère de la passion.

(M\*\* NECKER DE SAUSSURE, *L'Éducation progressive*.)

---

# 12° LEÇON
## Facultés d'élaboration.

SOMMAIRE. — 1. L'attention. — 2. L'attention chez l'enfant. — 3. Moyens à employer pour obtenir et retenir l'attention. — 4. L'abstraction et la généralisation.

**1. L'attention.** — L'attention est l'état de l'esprit tendu vers les objets qu'il veut mieux connaître.

L'attention, en dirigeant et en concentrant nos

facultés, rend les perceptions plus nettes et fixe les idées dans le souvenir. Elle n'est pas seulement nécessaire dans l'éducation intellectuelle, elle l'est également dans l'éducation physique, dans l'éducation morale et dans la vie tout entière. Que de fois, en présence d'une faute commise, ne donne-t-on pas comme excuse : je n'ai pas fait attention.

**2. L'attention chez l'enfant.** — L'attention existe dès le début de la vie, mais chez le jeune enfant, elle n'est pas voulue ; ce sont les objets qui s'imposent à son attention provoquée par la sensibilité.

Parmi les enfants, les plus impressionnables sont les plus attentifs, ou du moins ils paraissent tels, mais ils éprouvent un trop grand nombre de sensations différentes et se succédant trop rapidement pour que leur cerveau en soit affecté d'une façon durable. Chez d'autres, la sensibilité est plus rebelle aux impressions, plus lente à s'émouvoir ; mais l'attention une fois obtenue persiste pendant un certain temps. Le caractère général de l'attention chez les enfants c'est d'être courte et mobile ; si elle est due à la sensibilité, elle est facilement distraite ; si elle est volontaire, elle devient bientôt pénible. Il est donc extrêmement important de ne pas tenir l'attention des enfants trop longtemps sur un même objet.

**3. Moyens à employer pour obtenir et retenir l'attention.** — Il faut commencer par éviter les distractions qui pourraient venir du dehors, puis donner un enseignement concret, parler aux sens. On doit tenir compte du besoin de mouvement si impérieux chez les enfants ; à cet effet, les leçons seront séparées par de courtes récréations (deux le

matin et deux le soir, pour les jeunes enfants) ou par
des marches accompagnées de chants.

Les leçons doivent être courtes et variées; deux
exercices de même nature doivent être séparés par
un exercice différent, de manière que la même faculté
ne soit pas tenue en haleine trop longtemps. Les
leçons courtes permettent au maître de présenter
chaque fois quelque chose de nouveau; il tire ainsi
parti de la curiosité et de la nouveauté qui sont chez
l'enfant deux stimulants de l'attention.

Il faut savoir épargner aux enfants toute fatigue
par la netteté de l'exposition, la clarté de l'expression,
la vivacité de l'élocution et de l'action. Une voix
monotone endort la conscience et l'enfant assiste à
la leçon pour ainsi dire sans l'entendre.

Enfin il faut agir sur la sensibilité de l'enfant par
les récompenses, par les punitions et par la communication aux parents des notes obtenues chaque
quinzaine.

La capacité d'attention varie avec la durée de la
classe, l'heure du jour, la saison et le temps qui
sépare les leçons des repas. Il est reconnu que la
classe du matin est plus favorable à l'étude que la
classe du soir, la première heure de chaque classe
que la dernière; la capacité d'attention est plus
grande en hiver qu'en été. Pendant la digestion, tout
travail qui exige quelque tension d'esprit devient
pénible.

Il ne dépend pas de l'instituteur de réserver pour
l'hiver les parties du programme qui exigent le plus
d'attention, mais il peut tenir compte des autres
considérations dans la rédaction de l'emploi du temps.

4. **L'abstraction et la généralisation.** --

Abstraire, c'est séparer dans l'esprit ce qui est insé-
parable dans la réalité. Exemple : considérer isolément
une qualité séparée de l'objet qui la possède.

Généraliser, c'est étendre à un nombre indéterminé
d'objets de même nature les ressemblances qu'on a
pu constater dans les cas, en nombre limité, qu'on a
observés.

Dans les objets qu'il connaît par le moyen des sens,
l'enfant est frappé par une qualité qui prime toutes
les autres ; l'idée de cette qualité est bien pour l'enfant
une idée abstraite, mais lorsque la mémoire la lui
rappelle, c'est toujours en l'associant à quelque idée
concrète, c'est-à-dire à l'idée vague et confuse de
l'objet ou de quelque objet qui la possède. Puis peu à
peu il retient des mots abstraits qu'il entend prononcer fréquemment comme *heure*, par exemple, et il
finit par les comprendre si on lui en explique la signi-
fication en les matérialisant pour ainsi dire ; ainsi,
une heure, ce sera la durée de la récréation, un *kilo-
mètre*, ce sera le trajet, ou selon le cas, la moitié du
trajet de l'école à la maison. — C'est donc sous le couvert du concret que l'abstrait pénètre dans l'intelligence de l'enfant. Toutes les fois qu'une notion
abstraite lui est donnée, on reconnaît qu'il n'était pas
mûr pour cette notion, s'il ne trouve pas aisément
d'autres mots, d'autres applications de la même
formule.

L'enseignement ne doit pas commencer par
l'abstraction, mais s'il est nécessaire de le rendre
sensible au début, il faut peu à peu faire appel à la
pensée de l'enfant, faire passer son esprit par les
trois degrés : nom propre (Paul, par exemple), nom
commun (homme), nom collectif (foule), ou adjectif

4

(obéissant, par exemple), nom abstrait (obéissance), terme général (vertu). Si l'on procède avec tact, par transitions douces, son intelligence, devenant plus robuste, prend bientôt l'habitude de l'abstraction.

La généralisation paraît offrir à l'enfant moins de difficultés que l'abstraction, mais il généralise très vite, au hasard, à tort et à travers. Quand un enfant donne à tous les hommes qui ont de la barbe comme son père, le nom de *papa*, il généralise; ce qui l'a surtout frappé dans ce cas, c'est une ressemblance. La faculté de généraliser n'est tout d'abord chez l'enfant que la faculté de comparer, d'identifier les objets; il faut le rendre plus soucieux des vrais rapports des choses, le mettre en garde contre la précipitation et lui donner l'habitude de la réflexion et de la prudence. Mais il importe que lorsqu'il aura trouvé une idée nouvelle et juste, il ait aussi un mot nouveau pour exprimer cette idée et lui donner toute la précision désirable.

Ajoutons que dans la pratique de la vie, c'est l'abstraction qui nous apprend à rester justes, tolérants; à reconnaître les qualités au milieu des défauts et à juger d'une manière plus éclairée, plus large, les individus et les choses.

## LECTURE D'APPLICATION

### Extraits de : Guizot, Buisson.

Ce qui empêche les enfants de faire attention, c'est ou la fatigue que le travail leur cause, ou la distraction qui appelle ailleurs cette faculté. Quand elle est fatiguée, n'espérez pas de rien gagner en cherchant à l'exercer encore : le dégoût viendra à la suite de la lassitude, et une aversion volontaire se joindra à une inca-

pacité réelle. Quand l'attention est errante et mobile,
ne croyez pas que vous la retiendrez en lui ordonnant
de se fixer : les enfants ont sur le jeu de leurs facultés
intellectuelles moins d'empire que les hommes; et qui
de nous pourrait se vanter de savoir maitriser son attention selon l'ordre qu'il en recevrait ? L'attention se
fatigue lorsqu'elle est trop faible pour suffire à la tâche
qu'on lui impose; elle se promène au hasard lorsque
les objets qui se présentent à elle ont plus d'attraits
que celui sur lequel on voudrait la retenir : proportionner son devoir à sa force, et rendre l'objet sur lequel
elle s'exerce assez intéressant pour l'occuper tout
entière, de sorte que les objets étrangers n'aient plus de
prise sur elle, tels sont les moyens d'atteindre le but
qu'on doit se proposer en la dirigeant, c'est-à-dire de la
fortifier et de la fixer.

(Guizot, Méditations et études morales.)

L'abstraction représente un certain travail mental qui
suit la simple observation sensible. Mais de ce qu'on ne
débute pas par l'abstraction, de ce qu'elle se manifeste
après la perception, il ne s'ensuit pas que l'abstraction
soit moins naturelle à l'esprit humain que l'observation
par les sens. Loin d'être un procédé artificiel d'un emploi
rare et difficile, c'est un besoin de l'esprit dès qu'il commence à penser, un besoin de la parole dès qu'elle nait
sur les lèvres. Tout homme fait sans cesse des abstrac-
tions sans y prendre garde. Écouter, c'est abstraire des
qualités sonores; regarder, c'est abstraire des qualités
lumineuses. Parler, c'est aussi abstraire; car le langage
consiste dans le fait même de créer des mots dont
chacun représente et fixe une idée prise à part.

Faite trop tôt, faite à contresens, au rebours de ce
que veut la nature, commençant par le général pour
descendre au particulier, l'abstraction est un désastreux
procédé d'enseignement. Mais si le terme général ne se
présente que quand l'intelligence de l'enfant l'appelle en
quelque sorte pour lui servir à résumer plusieurs noms
abstraits et si ces noms abstraits eux-mêmes désignent
des qualités que l'enfant a préalablement saisies dans le

vif de la réalité, alors l'abstraction n'a que des bienfaits : elle est claire, facile, naturelle, presque spontanée ; c'est un secours pour la mémoire, une satisfaction pour l'intelligence, une ressource inappréciable pour le langage.

(BUISSON, *Dictionnaire de Pédagogie*.)

## 13ᵉ LEÇON

### Facultés d'élaboration (*suite*).

SOMMAIRE. — 1. Le jugement. — 2. Comment l'enfant juge. — 3. Moyens à employer pour lui apprendre à juger. — 4. Le raisonnement. — 5. Comment l'enfant raisonne. — 6. Moyens à employer pour former le raisonnement. — 7. Méthodes.

**1. Le jugement.** — Le jugement est un acte par lequel l'esprit affirme un rapport entre deux idées; il suppose la perception de ce rapport. Lorsque la distinction du juste de l'injuste et l'appréciation exacte des personnes et des choses se font sans difficulté, dans la vie pratique, le jugement prend le nom de *bon sens*. Dans nos relations avec nos semblables, le jugement devient le *tact*, c'est-à-dire le discernement de ce qu'il convient de faire ou de ne pas faire, de dire ou de ne pas dire.

**2. Comment l'enfant juge.** — L'enfant n'est pas d'abord capable de juger parce qu'il ignore les rapports vrais des choses; il n'est pas suffisamment familiarisé avec les idées abstraites et générales, et il ne peut attacher un sens précis aux mots qui les expriment. Il manque nécessairement de données essentielles qui ne font presque jamais défaut chez l'homme, et dont l'absence explique certaines erreurs de crédulité et de naïveté qui sont propres à l'enfant. Par suite de la légèreté et de l'étourderie qui caractérisent sa nature, l'enfant juge avec précipitation. Tout d'abord, il affirme, il adhère à tout ce qui ne choque pas ses habitudes, à tout ce qui est conforme à ses désirs. Il juge et se déjuge en un clin d'œil; ce n'est que plus tard qu'il remarque les contradictions et qu'il réfléchit. Quand il commence à juger, il lui arrive souvent de prendre pour un lien de causalité une coïncidence fortuite, de conclure d'un fait accidentel à une loi générale; il étend à toute une classe d'individus ce qui n'est vrai que pour quelques-uns, et par hasard.

**3. Moyens à employer pour lui apprendre à juger.** — Montaigne revient à chaque instant sur la nécessité de former le jugement de l'enfant. « En « toutes choses, il faut l'habituer à discerner la vérité « par lui-même; on lui montrera souvent le chemin, « mais parfois on le lui laissera ouvrir. On ne lui « demandera pas compte seulement des mots, mais « du sens et de la substance. — On ne lui imposera « rien par simple autorité, on fera appel à son libre « examen. » Le premier degré de l'éducation du jugement, c'est l'acquisition des idées abstraites, la définition des termes généraux. Il ne faut laisser passer aucun mot abstrait sans le définir à l'aide d'idées concrètes. Il faut exercer l'enfant à découvrir lui-même, en considérant les rapports des choses, l'idée générale qui embrasse ces rapports, sauf à lui apprendre ensuite le mot précis qui exprime cette idée; il faut lui faire rechercher les ressemblances et les différences que présentent les objets qu'il examine.

Pour exciter le jugement personnel, il faut interroger souvent l'enfant et tâcher de l'amener, à l'aide de questions bien graduées, à lui faire exprimer une opinion qui soit bien à lui. Une fois entré dans cette voie, il prendra goût à cet exercice, et il n'y aura plus qu'à combattre l'étourderie et l'irréflexion pour régler le jugement. Mais il faut bien se garder de l'arrêter net et de se moquer de lui s'il dit une sottise; ce serait le décourager et provoquer chez lui la paresse d'esprit. Il faut, au contraire, lui montrer avec indulgence en quoi il s'est trompé et ce à quoi il aurait dû réfléchir.

La plupart des matières du programme permettent de développer le jugement. Ainsi, en morale, en lecture, en récitation, en histoire, on peut faire porter des jugements à l'enfant. L'étude de la langue française, de l'arithmétique et des sciences fournit également de nombreuses occasions de faire appel au jugement. Ajoutons qu'au point de vue moral, il est bon de faire juger par l'enfant les faits qui se sont passés pendant les récréations. On peut même l'amener parfois à juger, sans qu'il s'en doute, ses propres actes.

Le maître, de son côté, doit toujours donner l'exemple d'un jugement droit et réfléchi.

**4. Le raisonnement.** — Le raisonnement est une faculté par laquelle l'esprit lie plusieurs jugements, les rapproche et les compare, de telle sorte que le dernier apparaisse comme la conclusion nécessaire des premiers.

L'expression la plus complète du raisonnement est le syllogisme; exemple : tout corps est pesant, l'air est un corps, donc l'air est pesant. Le raisonnement suppose diverses opérations : 1° on a conçu nettement des idées ; 2° on a, dans des jugements antérieurs, affirmé entre ces idées des rapports déjà connus ; 3° ces affirmations sont attentivement comparées l'une à l'autre ; 4° on fait sortir de cette comparaison un jugement nouveau implicitement contenu dans les premiers.

Il y a deux manières principales de raisonner : par *déduction* et par *induction*. La déduction est l'opération par laquelle l'esprit passe d'une proposition générale à une proposition particulière ou moins générale. L'induction est l'opération par laquelle l'esprit passe du particulier au général, de la connaissance des faits à celle des lois qui les régissent. Elle permet d'étendre à tous les êtres d'une même espèce, à tous les objets de même nature, dans tous les temps et dans tous les lieux, un rapport constaté dans quelques cas seulement. L'induction comprend quatre opérations : 1° on observe attentivement le cas qui se présente ; 2° on compare les cas analogues ; 3° on élimine les différences de détail ; 4° on généralise.

**5. Comment l'enfant raisonne.** — L'enfant raisonne de bonne heure, mais à l'origine, son raisonnement n'est qu'une association de faits, d'images ou d'idées. La forme de raisonnement qui apparaît la première chez lui est l'induction. On a vu, à propos du jugement, que l'enfant ne possède pas d'idées générales ; ce qui le frappe d'abord ce sont les faits particuliers, et encore ne les connaît-il qu'imparfaitement, de sorte qu'il généralise au hasard, de là beaucoup d'erreurs et de préjugés.

**6. Moyens à employer pour former le rai-**

**sonnement.** — Dès que le progrès de l'intelligence le permet, il faut montrer à l'enfant pourquoi telle chose est vraie, telle autre fausse. S'il faut raisonner avec l'enfant, on doit éviter de se laisser entraîner par ses petites subtilités ; on ne peut lui rendre raison de tout ; il faut lui rendre raison de ce qui est à sa portée, et surtout éviter de le tromper. Afin de ne pas le dérouter en changeant la forme de son raisonnement, il faut le faire remonter du particulier au général, de l'exemple à la règle. Mais il faut lui apprendre à ne généraliser qu'avec prudence, c'est-à-dire à ne généraliser qu'après avoir observé avec soin le cas qui se présente et l'avoir comparé à des cas analogues ; il faut le mettre en garde contre les coïncidences fortuites qui sont la cause d'erreurs plus ou moins nombreuses. En lui faisant appliquer le raisonnement, par induction à l'étude des sciences physiques et naturelles, on appellera son attention sur les précautions multiples dont on doit s'entourer pour découvrir la cause d'un fait, pour reconnaître la nature d'une plante, etc. ; de là à lui faire remarquer combien il est téméraire de juger du caractère d'une personne d'après sa ressemblance physique avec quelqu'un que l'on connaît, il n'y a qu'un pas. L'étude des sciences lui apprendra également qu'une cause étant donnée, l'effet suit nécessairement, que nous devons nous résigner devant les événements inévitables, mais au contraire, tout attendre de notre prudence et de notre activité, lorsque les conditions des événements dépendent de nous. Ainsi, la mère de famille, au lieu de se borner, en temps d'épidémie, à former pour la santé de ses enfants des vœux stériles, observera en ce qui les concerne les règles de l'hygiène ;

le paysan, au lieu de rester inactif devant sa maison incendiée par la foudre, sous prétexte qu'on n'éteint pas le feu du ciel, essayera d'arrêter l'incendie.

**7. Méthodes.** — Au raisonnement se rattache l'étude des méthodes.

On appelle *méthode* la voie la plus directe et la plus sûre pour arriver à découvrir la vérité ou à la communiquer lorsqu'elle est découverte. Les méthodes peuvent se réduire à deux : la méthode *inductive* qui consiste à aller du particulier au général, de l'exemple à la règle, et la méthode *déductive* qui va du général au particulier, du principe à la conséquence. La première s'appelle encore la méthode *interrogative* ou *socratique*, la seconde, méthode *expositive* ou *didactique*.

On appelle *procédés* les moyens particuliers que l'on emploie dans l'application des méthodes. Exemple : la lecture peut être enseignée à l'enfant à l'aide de tableaux, de livrets, du tableau noir, de caractères mobiles ; ce sont là autant de procédés.

*L'intuition* est la connaissance claire, directe, immédiate de la vérité, sans le secours du raisonnement. Ce qu'on nomme parfois méthode *intuitive*, n'est qu'un procédé spécial qui repose sur la perception et l'étude des choses par les sens. Nous procédons par intuition toutes les fois que notre esprit, soit par les sens, soit par le jugement, soit par la conscience, connaît les choses avec ce degré d'évidence et de facilité que présente à l'œil la vue distincte d'un objet. L'intuition s'exerce surtout au point de vue sensible.

## LECTURE D'APPLICATION

Extraits de : MONTAIGNE, PESTALOZZI, CHANNING.

De vray, le soing et la despense de nos pères ne vise qu'à nous meubler la teste de science : du jugement et de la vertu, peu de nouvelles. Nous nous enquerons volontiers : Sçait-il du grec ou du latin ? Escrit-il en vers ou en prose ? Mais s'il est devenu meilleur ou plus advisé, c'estoit le principal, et c'est ce qui demeure derrière. Il falloit s'enquerir qui est le mieulx sçavant, non qui est plus sçavant. Nous ne travaillons qu'à remplir la mémoire et laissons l'entendement et la conscience vuides.

On ne cesse de criailler à nos aureilles comme qui verserait dans un entonnoir; et nostre charge, ce n'est que redire ce qu'on nous a dit. Je voudrais que son gouverneur corrigeast cette partie, et que de belle arrivée[1], selon la portée de l'âme qu'il a en main, il commençast à la mettre sur la montre[2], lui faisant gouster les choses, les choisir et discerner d'elle mesme, quelquefois luy ouvrant chemin, quelquefois le luy laissant ouvrir. Qu'il ne luy demande pas seulement compte des mots de sa leçon, mais du sens et de la substance, et qu'il juge du proufit qu'il aura faict, non par le tesmoignage de sa mémoire mais de sa vie. Que ce qu'il viendra d'apprendre il le luy fasse mettre en cent visages et accomoder à autant de divers subjects, pour veoir s'il l'a bien prins et bien faict sien. Qu'il luy fasse tout passer par l'estamine[3], et ne loge rien en sa teste par

---

1. D'emblée, dès le début.
2. Laisser l'élève montrer ce qu'il sait, ce dont il est capable.
3. Estamine. Tissu peu serré, de crin ou de soie, qui sert à passer la farine ou à filtrer. *Passer par l'estamine* : examiner rigoureusement (aujourd'hui : étamine).

simple auctorité et à crédit[1]. Qu'il ne luy apprenne
pas tant les histoires qu'à en juger.

C'est l'entendement qui veoid et qui oyt ; c'est l'entendement qui approufite tout, qui dispose tout, qui agit,
qui domine et qui regne ; toutes aultres choses sont
aveugles, sourdes et sans âme.

(MONTAIGNE, *Essais*.)

L'esprit ne s'arrête pas à la perception des choses
extérieures par le moyen des sens ; il y a en lui un
besoin d'exprimer au dehors par des gestes et par la
parole, les impressions du dedans... Dès que l'esprit
s'est formé par la perception de notions claires sur
quelques objets, il commence à les distinguer, et par là
à les compter ; il remarque aussi leurs places respec-
tives, leurs distances, leurs dimensions, leurs formes.
Les objets qui entourent l'enfant sont les moyens dont
la nature se sert pour éveiller ses facultés intellectuelles.
Cependant tout ce qui frappe nos sens ne nous développe pas ; ce qui nous développe, ce sont les objets au
milieu desquels nous vivons, parce que ce sont les seuls
qui donnent à notre esprit un exercice assez prolongé
pour faire naître en nous des notions complètes. Il suit
de là que les moyens de notre culture intellectuelle
doivent être tirés des objets renfermés dans la sphère où
nous vivons. Dans cet exercice des facultés intellectuelles, on commence par les objets les plus simples, on
passe ensuite à leurs qualités ; puis on étudie leurs parties, leur usage, on les compare entre eux pour arriver à
des idées de genres, de classes, etc. Par ce moyen, les
impressions deviennnent plus vivantes, plus réfléchies,
plus intelligentes, et la faculté qui les conçoit se développe et se fortifie.

(PESTALOZZI, *Le chant du Cygne*.)

Pour apprendre aux enfants à raisonner et pour les
mettre à même de devenir capables de penser par eux-

---

1. A crédit. Comme un article de foi.

mêmes, il faut les empêcher autant que possible d'ouvrir la bouche à tort et à travers, et de prendre l'habitude
de se prononcer sur des questions qu'ils ne connaissent
que superficiellement. Je crois que le moment où l'on
étudie n'est pas le moment de juger, que ce dernier
commence seulement à l'instant où l'on a fini d'étudier,
et où l'on a mûri les raisons qui permettent et qui
donnent le droit de porter un jugement. Je crois aussi
que le jugement ne peut être que l'expression de la
conviction intime de celui qui le prononce, et doit sortir en quelque sorte de la connaissance complète de tous
les motifs, aussi mûr et aussi parfait que le noyau
arrivé à maturité et qui, de lui-même, librement et sans
violence, s'échappe entier de son enveloppe.

(PESTALOZZI, *Comment Gertrude instruit ses enfants.*)


Un moyen important d'éducation, c'est de nous affranchir de la puissance de l'exemple et de l'opinion toutes
les fois que le jugement et la réflexion ne les sanctionnent
pas. Nous sommes tous portés à nous tenir au niveau
des gens avec qui nous vivons, à répéter leurs paroles,
à mettre notre esprit aussi bien que notre corps à la
mode; de là le manque d'énergie dans notre caractère
et notre vie. Un des principaux secrets de l'éducation
personnelle, c'est d'unir la docilité de l'enfant qui
reçoit avec reconnaissance la lumière de quiconque
peut la lui donner, et une résistance virile aux opinions
courantes, comme aux influences les plus respectées,
toutes les fois qu'elles ne satisfont pas la réflexion et le
jugement.

(CHANNING, *Œuvres sociales.*)

## III

### ÉDUCATION MORALE

## 14ᵉ LEÇON

### Sentiments à développer chez l'enfant.

SOMMAIRE. — 1. Éducation morale. — 2. Sentiments à développer chez l'enfant : l'amour-propre. — 3. L'honneur. — 4. L'émulation. — 5. L'ordre et l'exactitude. — 6. La prévoyance. — 7. L'esprit de justice. — 8. La franchise. — 9. La loyauté. — 10. La tolérance. — 11. Le respect. — 12. La reconnaissance.

**1. Éducation morale.** — L'éducation morale a pour objet la culture des sentiments, de la conscience morale et de la volonté, c'est-à-dire de régler la conduite et d'habituer la volonté à se conformer au devoir et à le remplir. Les sentiments sont les inclinations qui nous portent vers les choses intellectuelles et morales; ils proviennent d'une idée et affectent l'être tout entier. Ils peuvent avoir pour objet nous-mêmes, les autres, le vrai, le beau, le bien et Dieu.

**2. Sentiments à développer chez l'enfant.** — Parmi les sentiments et les qualités qu'il y a lieu de développer chez l'enfant, nous trouvons :

L'amour-propre. C'est une inclination qui nous fait nous aimer nous-mêmes dans nos facultés diverses. Exagéré et portant sur des avantages vains, extérieurs (vêtement, fortune), il devient la *vanité;* exagéré et appliqué à des avantages réels (facultés) il devient l'*orgueil.* Tant que l'amour-propre nous excite seulement à bien faire, à nous perfectionner sans cesse pour obtenir l'estime et la louange, il n'est point à blâmer, et c'est un moyen d'éducation qu'il ne faut pas négliger, tout en le ménageant avec prudence. C'est l'amour-propre qui excite l'élève isolé ou sans concurrent à se surpasser lui-même. Ce sentiment est pour le maître un auxiliaire plus puissant que l'émulation, lorsqu'il veut exciter au travail les derniers élèves d'une division.

**3. L'honneur.** — C'est un sentiment qui nous porte à faire ce qui distingue, ce qui ennoblit, ce qui orne la vie. Dans un autre sens, il signifie la considération, la bonne réputation. « L'honneur et le déshonneur sont de tous les aiguillons ceux qui stimulent le plus l'esprit dès qu'il peut y être sensible, » dit Locke. Les enfants trouvent du plaisir à être estimés et appréciés surtout par leurs parents et par tous ceux dont ils dépendent. Rendre l'enfant sensible à l'honneur, c'est éveiller sa conscience morale, lui faire mieux comprendre le devoir en le lui représentant pour ainsi dire sous une forme concrète.

**4. L'émulation.** — C'est une tendance qui nous porte à faire tous nos efforts pour égaler ou surpasser les autres. C'est un sentiment très vif qui suppose de l'énergie, qui excite au plus haut point celle que l'on a et en augmente beaucoup l'effet. L'émulation ne détruit pas nécessairement la bonne camaraderie, car elle ne permet que la lutte loyale. Bien réglée, elle peut donner d'excellents résultats, mais la mesure à garder dépend des caractères; généreux et fécond chez les natures moralement élevées, ce sentiment devient amer et stérile chez les natures basses et envieuses. D'autre part, avec un maître inexpérimenté, l'émulation peut présenter des dangers; s'il ne sait pas atténuer les résultats brutaux de la concurrence, elle produit chez les uns l'orgueil, l'arrogance, la dureté, et chez les autres l'indifférence, la jalousie, le découragement et parfois la haine. Il est une forme de l'émulation qui est bonne sans réserve, c'est l'émulation avec soi-même; elle se rapproche de l'amour-propre. L'émulation, sous cette forme, doit être développée chez tous les élèves, chez les derniers comme chez les premiers; car ce qui importe, c'est que chacun travaille en conscience, éprouve le désir de faire bien et toujours mieux.

**5. L'ordre et l'exactitude.** — L'ordre consiste à donner une place à chaque chose et à mettre chaque chose à sa place. L'exactitude consiste à faire chaque chose à son heure. Ce sont deux qualités qu'il importe de développer chez l'enfant, si l'on veut les trouver plus tard chez l'homme fait. Que de temps perdu, que d'affaires manquées par suite du défaut d'ordre et d'exactitude! Ajoutons que l'ordre dans les objets matériels entraîne l'ordre dans les idées, si nécessaire pour tout travail intellectuel; ce n'est pas sans raison que l'on dit qu'un travail bien ordonné est à moitié fait. Pour faire prendre à l'enfant des habitudes d'ordre et d'exactitude, il est nécessaire que le maître donne l'exemple; un ordre matériel parfait devra régner dans la classe, et l'emploi du temps sera scrupuleusement suivi. Ce n'est qu'à cette double condition que le maître pourra se montrer exigeant à l'égard des enfants.

**6. La prévoyance.** — Être prévoyant, c'est songer aux besoins futurs, suites de la maladie, du chômage, des revers de fortune. L'enfant peut pratiquer la prévoyance dès l'école, en plaçant à la Caisse

d'épargne scolaire les petites sommes que lui
accordent ses parents pour ses menus plaisirs. Se
trouvant à sa sortie de l'école en possession d'un
livret, il n'oubliera pas le chemin de la Caisse
d'épargne. Par la mutualité scolaire, il connaîtra les
sociétés de secours mutuels et la caisse des retraites
pour la vieillesse. Le maître devra faire ressortir à
l'aide de chiffres les avantages que présentent ces
institutions de prévoyance, avantages d'autant plus
grands que l'épargne a été commencée le plus tôt
possible et continuée avec persévérance.

7. **L'esprit de justice.** — L'esprit de justice
consiste à rendre à chacun ce qui lui est dû, à traiter
chacun selon son mérite. Refuser à quelqu'un l'estime et la considération auxquelles il a droit, c'est
commettre un vol à son égard. L'esprit de justice
peut être faussé par l'intérêt, l'amour-propre exagéré,
l'envie, la jalousie. Il faudra mettre l'enfant en garde
contre ces mauvais sentiments qui nous portent à
diminuer le mérite d'autrui, tout en exagérant le
nôtre, et par conséquent nous rendent injustes. Le
maître donnera sans cesse l'exemple de cet esprit de
justice qui fait proportionner aux actes les récompenses et les punitions, en tenant compte pour chaque
élève, quel qu'il soit, des circonstances qui peuvent
atténuer ou accroître sa responsabilité.

8. **La franchise.** — La franchise consiste à ne
dire que ce que l'on pense; elle n'exclut pas une certaine réserve inspirée par le respect des sentiments
d'autrui dont il faut éviter de froisser la susceptibilité.
Il ne faudrait pas, sous prétexte de franchise, se
croire autorisé à dire tout ce que l'on pense; toute
vérité n'est pas bonne à dire, mais on doit penser

tout ce que l'on dit. Seuls ceux qui ont pour mission de corriger les autres, un père avec ses enfants, un maître avec ses élèves, ont pour devoir de dire tout ce qu'ils pensent, au risque d'irriter et de froisser dans leur amour-propre ceux auxquels ils s'adressent.

9. **La loyauté.** — La loyauté ou la bonne foi est le respect des engagements pris. On peut dire que la société repose sur ce principe que tout engagement est sacré et oblige celui qui l'a contracté ; car c'est la confiance mutuelle que nous avons dans la parole les uns des autres qui est la base de toutes les relations de la vie sociale. L'homme loyal ne cherche point à profiter d'un mot obscur ou douteux, à invoquer une simple irrégularité pour se soustraire à ses engagements ; une fois qu'il a promis, il tient sa parole quoi qu'il puisse lui arriver. Il faut habituer l'enfant dès l'école, à se montrer loyal dans ses relations avec ses camarades ; lui montrer que celui qui ne tient pas sa parole manque à l'honneur et à la dignité personnelle, qu'il commet une injustice à l'égard d'autrui et que c'est avec raison que l'opinion publique le flétrit.

10. **La tolérance.** — La tolérance est le respect des opinions et des croyances d'autrui lorsqu'elles sont sincères et incapables de porter atteintes au droit des personnes. Si l'intolérance a disparu dans le domaine de la vie publique, elle règne encore trop souvent dans la vie privée. L'intolérant n'emploie pas contre ses adversaires la violence physique, mais la violence morale ; il les injurie, les calomnie, cherche à jeter le discrédit sur la cause qu'ils soutiennent, ou par la raillerie, couvre de ridicule des croyances respectables. Le maître, après avoir montré aux enfants que l'intolérance est une forme de l'in-

justice qui peut troubler et diviser la société, devra donner l'exemple de la tolérance. « Il devra éviter comme une mauvaise action tout ce qui dans son langage ou dans son attitude blesserait les croyances religieuses des enfants confiés à ses soins, tout ce qui porterait le trouble dans leur esprit, tout ce qui trahirait de sa part envers une opinion quelconque, un manque de respect ou de réserve. »

**11. Le respect.** — Le respect est en quelque sorte l'aveu de notre infériorité et de notre dépendance. C'est un sentiment naturel chez l'enfant, car il a conscience de son infériorité au point de vue de la force, du savoir et de l'expérience. Il est tout d'abord disposé à témoigner du respect aux personnes qui l'entourent ; mais à mesure qu'il grandit, il se compare aux autres, fait souvent tourner la comparaison à son avantage; et confondant les hommes avec le principe qu'ils représentent, l'exemple aidant, il en arrive à ne respecter ni l'autorité, ni les supériorités morales. Il faut faire comprendre à l'enfant que le respect est à la fois une obligation morale et une nécessité sociale ; lui montrer qu'en dehors de l'estime qui tient à la personne, le respect est dû aux fonctions en elles-mêmes et à l'autorité qu'elles confèrent; l'habituer à parler respectueusement de tous les hommes que la confiance de l'État ou des électeurs a investis de fonctions publiques, ou que leur mérite et leurs travaux ont portés à un rang élevé dans la société.

**12. La reconnaissance.** — Être reconnaissant, c'est se rappeler avec plaisir le bien qu'on a reçu. Tout bienfait oblige envers le bienfaiteur; l'ingrat qui nie cette dette du cœur commet une sorte d'injustice; car il frustre de l'estime qu'il mérite celui qui lui a rendu service. La reconnaissance ne doit pas seulement être extérieure, mais intérieure; c'est une vertu du cœur. Il faut montrer à l'enfant que la reconnaissance est toujours possible; si elle ne peut se manifester par des actes, elle peut toujours se témoigner par de bons sentiments envers ceux à qui elle est due.

## LECTURE D'APPLICATION

Extraits de : RABELAIS, LOCKE, VESSIOT.

Mais, parce que selon le sage Salomon, sapience n'entre point en âme malivole, (méchante), et science sans conscience n'est que ruine de l'âme, il te convient servir, aimer et craindre Dieu, et en luy mettre toutes tes pensées et tout ton espoir; et, par foy formée de charité, être à luy adjoinct, en sorte que jamais n'en sois désemparé (dépossédé) par péché. Aye suspectz les abus du monde. Ne metz ton cœur à vanité; car ceste vie est transitoire, mais la parole de Dieu demeure éternellement. Sois serviable à tous tes prochains, et les aime comme toy mesmes. Revere tes précepteurs, fuis les compaignies des gens esquelz tu ne veulx point ressembler, et les graces que Dieu t'a données, icelles ne reçois en vain. Et quand tu cognoistras que tu auras tout le sçavoir de par de là acquis, retourne vers moy, afin que je te voye, et donne ma bénédiction devant que de mourir.

(RABELAIS, *Vie de Gargantua et de Pantagruel.*)

L'honneur et le déshonneur sont de tous les aiguillons ceux qui stimulent le plus l'esprit, dès qu'il peut y être sensible. Si vous pouvez inspirer à vos enfants le sentiment de l'honneur, la crainte de la honte et du déshonneur, vous aurez établi dans leurs esprits les vrais principes qui ne cesseront plus de les disposer au bien. D'abord, les enfants (plutôt peut-être que nous ne pen-

sons) sont très sensibles à la louange et aux compliments.
Ils trouvent du plaisir à être estimés et appréciés surtout par leurs parents et par tous ceux dont ils
dépendent. Si, par conséquent, le père les caresse et les
loue, lorsqu'ils ont fait quelque chose de bien, s'il leur
montre au contraire un air froid et indifférent, lorsqu'ils
ont fait quelque chose de mal, si en même temps leur
mère et toutes les personnes qui les entourent les
traitent de même, il ne faudra pas beaucoup de temps
pour qu'il saisissent la différence.

Mais en second lieu, pour rendre plus profond le sentiment de l'honneur et du déshonneur, pour lui donner
plus d'autorité, il faut que d'autres choses agréables ou
désagréables soient constamment jointes à ces deux
états différents : non comme des récompenses ou des
punitions particulières attribuées à telle ou telle action
particulière, mais comme des conséquences nécessaires
qui attendent infailliblement tout enfant, lorsque par sa
propre faute il a mérité le blâme ou la louange. Par cette
façon d'agir, les enfants en viendront facilement à
comprendre que tous ceux qui ont mérité d'être loués
et estimés, pour leur application à bien faire, sont nécessairement aimés et choyés par tout le monde, et qu'ils
obtiennent tous les avantages qui sont les conséquences
de leur bonne conduite ; tandis que d'autre part l'enfant
qui, par quelque faute, a perdu l'amitié de ses parents et
n'a pas pris soin de conserver intacte sa bonne réputation, doit immanquablement s'attendre à l'indifférence
et au mépris, et par suite se verra privé de tout ce qui
pourrait le satisfaire ou le réjouir. De cette façon, les
objets du désir deviennent pour l'enfant les auxiliaires
de sa vertu, pour peu qu'une expérience constante lui
ait appris, dès le début de la vie, que les choses qui lui
sont agréables appartiennent et sont réservées unique-
ment à ceux qui ont gardé leur bonne réputation.

(LOCKE, *Quelques pensées sur l'éducation.*)

Habituer les enfants à faire ce qu'ils doivent en toute
occasion, envers tout le monde ; les y amener par la douceur et la fermeté, par la raison et le sentiment, par la

persuasion et par l'exemple, accroître par degrés l'empire de la volonté sur la passion et l'instinct : voilà l'œuvre première de l'éducation. Mais en dehors des devoirs stricts dont la loi morale commande et dont la loi civile impose l'accomplissement, il y a encore tout un ensemble de devoirs moins impérieux et plus difficiles, qui forment le domaine propre de la pure vertu. Dans ce domaine, la volonté se meut librement, sans intimidation ni séduction, exposée aux seules influences de la raison épurée et de la conscience ennoblie, des hautes et généreuses pensées, des sentiments délicats et sublimes. L'homme a en lui, dans son essence, les germes de tous les vices comme de toutes les vertus, de toutes les qualités et de tous les défauts. Doué de raison et de volonté, il discerne de bonne heure quels sont, parmi les instincts qui le poussent, ceux qu'il doit combattre, et, parmi ces germes, ceux qu'il doit développer. L'éducation morale n'est pas autre chose que le secours éclairé, affectueux, assidu, apporté à l'enfant dans la lutte qu'il engage de bonne heure contre ses mauvais penchants pour assurer le triomphe des autres.

(VESSIOT, *L'éducation à l'école.*)

## 15e LEÇON

### Sentiments à développer chez l'enfant (*suite*).

SOMMAIRE. — 1. L'affection ou la sympathie. — 2. La bienveillance et la bienfaisance. — 3. La politesse. — 4. Le patriotisme. — 5. L'amour du vrai. — 6. L'amour du beau. — 7. L'amour du bien. — 8. Le sentiment religieux.

**1. L'affection ou la sympathie.** — L'affection que l'enfant éprouve pour ses parents, pour ses maîtres, pour ses camarades, est d'un puissant secours pour diriger sa conduite. Si l'enfant aime ses

parents, il s'abstiendra de ce qui pourrait leur déplaire,
et il s'efforcera par son travail et sa conduite, de leur
donner toute satisfaction. Son affection pour ses
maîtres a pour conséquences la crainte de leur
déplaire, l'obéissance volontaire et l'imitation sympathique. Devant un maître qui a commencé par témoigner de l'affection aux élèves, qui conserve en toute
circonstance une parfaite égalité d'humeur, qui fait
toutes choses avec simplicité mais avec dignité, les
mauvaises dispositions disparaissent et se transfor-
ment pour s'harmoniser avec le milieu ainsi créé.
Mais si l'influence de l'exemple du maître sur les
élèves est puissante, elle n'est pas à comparer à l'influence d'une classe composée d'élèves animés du
même esprit. « Les bons maîtres s'appliquent à se faire
des auxiliaires de chaque élève, ce qui leur permet
d'établir dans l'école un courant moral irrésistible.
Les nouveaux arrivants se trouvent pris par ce courant qui ne laisse pas à leurs anciennes habitudes le
temps de réagir. Lorsque la lutte s'établit entre la
force d'une habitude prise et la puissance de l'imitation sympathique, celle-ci l'emporte d'autant plus
vite qu'elle est provoquée par des éléments plus nombreux agissant avec plus d'ensemble. Mais il ne faut
pas oublier que le mal est contagieux comme le bien,
et que l'imitation sympathique peut avoir de graves
conséquences dans une école où l'ordre et le travail
font défaut, où les bons sentiments sont sans écho et
les mauvais sentiments sans réprobation. »(Chaumeil).

2. **La bienveillance et la bienfaisance.** — La
bienveillance consiste à vouloir du bien aux autres, à
vouloir les délivrer du mal dont ils souffrent parce que
nous en souffrons comme du mal qui nous est fait à

nous-mêmes. On peut dire qu'elle est à la bienfaisance
ce que l'intention est à l'action. En effet, la bienfaisance préparée par la bienveillance et la pitié consiste
à faire du bien à autrui. Dans la petite société que
représente l'école, l'enfant peut pratiquer la bienveillance et la bienfaisance, car il trouve toujours des
camarades moins bien doués que lui au point de vue
des facultés ou moins favorisés par la fortune. Le
devoir du maître est d'empêcher que l'égoïsme, l'envie,
la jalousie et la haine ne viennent arrêter le développement de la sympathie sans laquelle il ne saurait y
avoir ni bienveillance, ni bienfaisance, ni pitié.

3. **La politesse.** — La politesse est une qualité
qui consiste essentiellement dans le respect de la
sensibilité des personnes. Elle nous apprend à tenir
compte, dans les relations sociales, de l'âge, du sexe,
du rang ; elle nous porte à être attentif à ne pas cho-
quer les personnes avec lesquelles nous vivons, à leur
témoigner de notre disposition à accomplir tous nos
devoirs envers elles et à reconnaître tous leurs droits.
Elle rend les relations agréables et contribue à faire
régner la paix parmi les hommes. Le maître donnera
toujours aux enfants l'exemple de la politesse ; il leur
montrera que l'homme poli s'abstient non seulement
d'empiéter sur les droits d'autrui, mais qu'il sait
même au besoin sacrifier quelque chose des siens ;
qu'il est plein de déférence pour les vieillards, qu'il
évite dans la conversation toute parole qui serait de
nature à blesser, à éveiller des souvenirs pénibles. Il
ajoutera que le salut, les compliments, les visites, les
félicitations, ne sont que la manifestation extérieure
des sentiments que doit éprouver l'homme vérita-
blement poli.

**4. Le patriotisme.** — L'amour de la patrie est instinctif chez l'enfant; il aime son pays natal, ceux qui parlent la même langue que lui, les coutumes au milieu desquelles il a été élevé; mais ce sentiment, pour s'étendre à tout ce qui constitue réellement la patrie, doit être développé par l'éducation. Le maître s'efforcera de montrer à l'enfant que la patrie n'est pas seulement le village qu'il habite, la terre qui le nourrit, mais l'association de tous les Français, de tous ceux qui obéissent aux mêmes lois, qui sont soumis au même gouvernement; il lui apprendra que ce qui fait battre nos cœurs, c'est la gloire de nos pères, la communauté du nom français, notre indépendance et notre liberté. On n'aime bien que ce qu'on connaît bien, dit-on avec raison : l'instituteur s'appliquera donc à faire connaître aux enfants leur pays, non seulement par son histoire, ses institutions, ses grands hommes, mais aussi par la géographie; et lorsqu'ils connaîtront toutes les gloires et toutes les richesses que renferme la patrie, ils ne pourront se défendre d'en être fiers et de l'aimer.

**5. L'amour du vrai.** — L'amour du vrai consiste à rechercher la vérité pour elle-même sans nous demander si elle pourra être utile.

L'enfant va naturellement au vrai et il ne se sert d'abord de la parole que pour exprimer sa pensée, mais s'il ne naît pas menteur, il a bientôt fait de comprendre l'utilité de la dissimulation et le parti que l'on peut tirer du mensonge. Du reste ne lui donnons-nous pas trop souvent l'exemple? N'arrive-t-il pas parfois aux parents de faire répondre à un importun qu'ils sont sortis, sans s'inquiéter de la présence de l'enfant? Il faut non seulement inspirer à l'enfant l'horreur du mensonge, mais il faut encore développer en lui l'amour du vrai. Le désir de connaître existe chez l'enfant, dès le plus jeune âge ; ayant tout à apprendre, il est curieux et observateur. Il est en même temps naturellement confiant ; il a foi dans la parole d'autrui, tant qu'il n'a pas été trompé. Pour favoriser chez l'enfant l'amour de la vérité, il faut toujours dire vrai devant lui, témoigner en toute occasion du mépris pour la duplicité et la ruse, toujours respecter la parole donnée, et lui montrer que le menteur même repentant ne peut plus compter sur la confiance de ceux qu'il a trompés.

6. **L'amour du beau.** — Le beau peut être considéré comme la vérité concrète parlant plus à l'imagination et au cœur de l'homme qu'à sa raison. L'amour du beau existe chez l'enfant ; il est attiré par un objet brillant, par une couleur éclatante, il aime généralement la musique et il témoigne une vive sympathie aux personnes qui l'abordent avec un visage souriant et agréable. Mais le sentiment du beau exige une culture spéciale, car l'enfant place souvent le beau où il n'est pas. Il suffit de considérer l'heureuse influence du beau sur l'âme pour comprendre combien il est nécessaire de le cultiver. Une éducation exclusivement utilitaire prive l'enfant de ce qui fait en partie la valeur de l'homme et tarit les plus nobles aspirations.

Le développement du goût et du sentiment du beau à l'école se remarque au point de vue matériel par l'ordre, la propreté, les dispositions matérielles agréables à l'œil, l'ornementation de la salle de classe. Au point de vue moral, le beau se développe par le dessin, le chant, la musique, les chefs-d'œuvre littéraires, les bons points artistiques ; en dehors de l'école, par la vue des œuvres d'art.

**7. L'amour du bien.** — Le bien peut être considéré comme le vrai dans l'ordre de la volonté et de la conduite. Le sentiment du bien se manifeste en nous par la voix de notre conscience qui d'elle-même nous éclaire et nous guide. Ce sentiment existe chez l'enfant, car il rougit, il se trouble lorsqu'il a mal fait, il évite les regards de ses parents ou de ses maîtres, de ceux à qui il peut avoir causé quelque dommage. Mais il faut que l'éducation contribue dans une large mesure à développer le sentiment du bien. L'instituteur qui est chargé de donner en même temps aux enfants l'éducation et l'instruction, devra apporter tous ses soins à étouffer dans leur germe les penchants au mal, à exciter, à développer le sentiment du bien dans l'âme du jeune enfant. Comment arrivera-t-il à ce but? D'abord il lui inspirera l'amour du devoir par l'exemple. Si les idées qu'il exprime, les principes qu'il recommande de mettre en pratique sont en conformité avec ses actes, l'enfant sera touché, sa raison s'éclairera et par suite sa conscience parlera avec plus de sûreté. Dans la vie journalière de l'enfant, dans les événements de chaque jour, l'instituteur trouvera une ample matière propre à émouvoir sa sensibilité morale.

La lecture, la récitation, l'histoire, les récits moraux, les dictées lui fourniront de nombreux exemples propres à exciter chez les enfants l'amour et le sentiment du bien.

**8. Le sentiment religieux.** — Si nous admettons l'existence d'une loi à laquelle nous nous sentons tenus de nous conformer, il faut bien admettre l'existence d'un législateur pour expliquer cette règle absolue qu'on nomme le devoir. Or ce législateur auquel nous attribuons en dehors de tout culte une valeur universelle, éternelle, infinie, est Dieu, auteur de la nature et de ses lois. Et comme nous aimons et respectons les êtres en proportion de leurs perfections, nous éprouvons pour Dieu qui est la perfection même, un sentiment composé d'amour et de respect, c'est le sentiment religieux. Le sentiment religieux inné dans l'homme se manifeste par la prière.

Le rôle de l'Instituteur doit se borner à associer dans l'esprit de l'enfant, à l'idée de Dieu, un sentiment de respect et de vénération indépendant de toute religion.

## LECTURE D'APPLICATION

Extraits de : CONDORCET, RAVAISSON.

Les principes de la morale enseignés dans les écoles seront ceux qui, fondés sur nos sentiments naturels et sur la raison, appartiennent également à tous les hommes. La Constitution, en reconnaissant le droit qu'a chaque individu de choisir son culte, en établissant une entière égalité entre tous les citoyens de la France, ne permet pas d'admettre, dans l'instruction publique, un enseignement qui, en repoussant les enfants d'une partie des citoyens, détruirait l'égalité des avantages sociaux, et donnerait à des dogmes particuliers un avantage contraire à la liberté des opinions. Il était donc rigoureusement nécessaire de séparer de la morale les principes de toute religion particulière.

D'ailleurs, combien n'est-il pas important de fonder la morale sur les principes de la raison ? Quelque changement que subissent les opinions d'un homme dans le cours de sa vie, les principes établis sur cette base resteront toujours également vrais, ils seront toujours invariables comme elle; il les opposera aux tentations que l'on pourrait faire pour égarer sa conscience.

(CONDORCET, *Mémoires sur l'Instruction publique.*)

Que dans nos écoles les enfants, les jeunes gens, les adultes soient entourés de reproductions fidèles de chefs-d'œuvre de l'ordre le plus élevé, quelques-uns en recevront une féconde inspiration, tous en ressentiront à différents degrés une utile influence.

S'il convient d'introduire ou plutôt de rétablir l'art dans l'école, ce n'est pas seulement pour procurer le meilleur et le plus complet développement des facultés de l'esprit et pour préparer le mieux possible à l'exercice des professions manuelles auxquelles serviront pendant toute la vie ces facultés, dans le cours des heures de travail; c'est encore pour préparer au meilleur emploi des heures de loisir. On se plaint que les heures de loisir soient trop souvent remplies par des distractions et des joies d'un ordre tout matériel, où les mœurs se corrompent et l'esprit s'avilit. En serait-il de même si les classes populaires étaient mises en état de goûter les satisfactions d'ordre supérieur que procurent les belles choses, si elles étaient instruites, fût-ce même dans une faible mesure, à se plaire dans cette sorte de divine et salutaire ivresse que procurent, par l'ouïe ou par la vue, les proportions et les harmonies?

(M. RAVAISSON, *Dictionnaire pédagogique.*)

---

# 16ᵉ LEÇON

## Sentiments à combattre chez l'enfant.

SOMMAIRE. — 1. L'égoïsme. — 2. L'amour de la propriété. — 3. La colère. — 4. L'envie. — 5. La crainte et la timidité. — 6. La moquerie. — 7. Le mensonge et l'hypocrisie. — 8. La paresse. — 9. Le défaut de sensibilité.

Parmi les sentiments et les défauts à combattre chez l'enfant, nous trouvons :

**1. L'égoïsme.** — C'est un sentiment qui nous fait rechercher notre bien propre et parfois au détriment de celui des autres. Il est le germe des affections malveillantes et de toutes les formes de l'antipathie. Quand on n'aime que soi, on ne s'en tient pas envers les autres à l'indifférence ; on arrive facilement à rechercher son bien au détriment du leur. Il faut montrer à l'enfant égoïste qu'il porte atteinte tantôt aux droits, tantôt à la sensibilité des autres; en retour on n'a pour lui aucune sympathie et on est peu disposé à lui rendre service.

**2. L'amour de la propriété.** — L'amour trop vif de la propriété conduit l'enfant à la ruse, à l'hypocrisie et parfois au vol. Il faut lui opposer le désintéressement.

**3. La colère.** — La colère lui fait perdre la raison. La première barrière à lui opposer est le calme ; rien ne déconcerte l'enfant emporté comme le sang-froid accompagné de marques de surprise et de désapprobation. La colère qui ne rencontre devant elle que le silence se consume dans le vide et s'use d'elle-même. Ce n'est qu'après l'accès que le blâme doit être appliqué. Le moyen le plus efficace de prévenir la colère, c'est de développer chez l'enfant les sentiments affectueux.

**4. L'envie.** — L'envie est un mauvais sentiment qui nous porte à nous affliger du succès ou des qualités d'autrui et à voir avec un certain plaisir ses malheurs et ses défauts ; il nous fait souffrir de voir les autres jouir de certains avantages dont nous sommes exclus. Il faut montrer à l'enfant envieux que souvent il ne doit s'en prendre qu'à lui-même s'il n'obtient pas les avantages accordés à ses cama-

rades comme récompense de leur travail et de leur
application.

**5. La crainte et la timidité.** — La crainte et
la timidité rendent l'enfant impuissant. Il redoute
l'abus de la force, la brutalité des actes, la sévérité
dans le visage et dans les paroles. La crainte lui ôte
tout élan, toute volonté ; elle peut dégénérer en un
état habituel de souffrance et d'abattement qui ralen-
tit l'activité et finit par l'annuler. On peut combattre
la crainte et la timidité par la bienveillance et l'affection qu'on témoigne à l'enfant. Il est une autre forme
de la crainte qu'il faut au contraire savoir provoquer :
c'est la crainte des punitions et celle d'affliger ou
d'offenser les parents et les maîtres.

**6. La moquerie.** — La moquerie est une forme
de la méchanceté. Celui qui a de la dignité et de
l'amour-propre ne pardonne guère ou du moins n'ac-
corde jamais de sympathie à ceux qui ont pris plaisir
à le couvrir de ridicule. La moquerie peut faire
naître entre les enfants ou les jeunes gens, des inimi-
tiés qui durent parfois toute la vie.

**7. Le mensonge et l'hypocrisie.** — Mentir,
c'est dire le contraire de la vérité avec l'intention
de tromper autrui ; c'est lui voler la vérité à laquelle
il a droit. On ment par lâcheté, par intérêt, par
vanité, par malice. Nous espérons, par le mensonge,
éviter une punition méritée ou obtenir ce qui nous
eût été refusé si nous avions dit la vérité. Celui qui,
par plaisanterie, trompe une personne ignorante ou
un enfant, commet une mauvaise action. Il faut
montrer à l'enfant que celui qui a été convaincu de
mensonge n'obtient plus nulle créance, sa parole
ne compte pas ; il se dégrade en même temps à

ses propres yeux et aux yeux de ses semblables.

Le mensonge s'appelle l'*hypocrisie* quand il consiste à dissimuler ses vices ou à s'attribuer des vertus qu'on ne possède pas. Il s'appelle la *flatterie* quand le menteur feint, pour les qualités d'autrui, une admiration qu'il n'éprouve pas. Le menteur, l'hypocrite et le flatteur sont justement flétris par l'opinion publique.

**8. La paresse.** — La paresse est un défaut qui fait fuir le travail; l'habitude ne fait qu'accroître ce défaut et rend l'effort presque impossible. A l'enfant paresseux il faut montrer le travail comme une nécessité et comme un devoir. Il est nécessaire pour augmenter le bien-être dont nous jouissons et que nous devons à ceux qui nous ont précédés; sans le travail, pas de progrès. Il est un devoir, car il fortifie le corps et l'esprit, et lui seul peut assurer la sécurité et l'indépendance. L'élève paresseux fait preuve de lâcheté, car il craint l'effort et la peine. Malheureux à l'école, il le sera également plus tard dans la société où il sera exposé à traîner une misérable vie.

**9. Le défaut de sensibilité.** — Il faut combattre le défaut de sensibilité ou l'indifférence; par les peines et les plaisirs dont elle est l'origine, la sensibilité éveille et provoque l'intelligence. Nous avons vu que chez l'enfant, elle est la condition essentielle de l'attention; elle est également un auxiliaire très puissant en éducation morale. Il faut donc la développer en cultivant, par l'exercice, les inclinations sympathiques de l'enfant dans la famille et dans l'école.

## LECTURE D'APPLICATION

Extraits de : FÉNELON, VESSIOT.

Pour les enfants, ils ne sont d'ordinaire que trop timides et honteux. Vous leur fermeriez le cœur, et leur ôteriez la confiance, sans laquelle il n'y a nul fruit à espérer de l'éducation : faites-vous aimer d'eux; qu'ils soient libres avec vous, et ne craignent point de vous laisser voir leurs défauts. Pour y réussir, soyez indulgent à ceux qui ne se déguisent point devant vous : ne paraissez ni étonné ni irrité de leurs mauvaises inclinations : au contraire, compatissez à leurs faiblesses : quelquefois il en arrivera cet inconvénient, qu'ils seront moins retenus par la crainte; mais à tout prendre, la confiance et la sincérité leur sont plus utiles que l'autorité rigoureuse.

(FÉNELON, *Éducation des filles.*)

Les enfants sont pour la plupart enclins au mensonge, et, sans vouloir les assimiler à des esclaves, on peut dire qu'il y a, dans la dépendance où ils sont de leurs parents et de leurs maîtres, une condition peu favorable à la franchise. La crainte d'une punition sinon certaine, au moins probable, les porte naturellement à mentir et les rend ingénieux à trouver des mensonges. Et puis les enfants sont comme les hommes, ils voudraient paraître meilleurs qu'ils ne sont; pour sauver la bonne opinion qu'on a d'eux, ils s'exposent à en donner une mauvaise; pour tenir une faute cachée, ils en commettent une autre.... Sans se lier par une promesse inconsidérée et tout en se réservant le droit de punir, il faut faire comprendre à l'enfant qu'en avouant sa faute, il ne perd rien de notre estime et qu'il se relèvera dans la sienne, que la franchise honore et qu'elle accroît la confiance et l'affection; et quand l'aveu est tombé des lèvres, tout en blâmant la faute, il faut louer l'aveu et le récompenser par un adoucissement de la peine proportionnée à l'effort qu'il a coûté; il faut retenir l'enfant pendant quelques instants sur sa faute et ne pas passer brusquement à autre chose; il faut lui faire sentir ce qui se passe en lui et goûter ce sentiment de plaisir qui suit tout acte louable, cet allégement de poids qui pesait sur son cœur, cette sorte de détente intérieure qui dissipe peu à peu le malaise d'une conscience chargée.

(VESSIOT, *L'Éducation à l'école.*)

# 17ᵉ LEÇON

## La conscience morale et la volonté.

SOMMAIRE. — 1. La conscience morale. — 2. La conscience morale chez l'enfant. — 3. Moyens de la développer. — 4. La volonté. — 5. La volonté chez l'enfant. — 6. Moyens de la développer.

**1. La conscience morale.** — La conscience morale est la voix intérieure qui nous avertit de ce qui est bien ou de ce qui est mal. C'est un sentiment naturel que tout être apporte en naissant.

**2. La conscience morale chez l'enfant.** — La conscience morale n'est guère développée chez l'enfant; le sens du devoir chez lui est confus, obscurci par l'inexpérience, l'incertitude et la légèreté. A mesure qu'il grandit, la réflexion paraît, l'expérience s'accroît et, devenu adulte, il finit par connaître son devoir. Il faut abréger cette période en donnant à l'enfant une idée de la responsabilité, de l'obligation, des jugements et des sentiments moraux.

**3. Moyens de la développer.** — Pour développer la conscience morale, il ne suffit pas que le maître ait une certaine instruction, il faut encore qu'il ait une âme honnête et droite. Il doit former l'enfant en fortifiant son caractère, en affermissant sa volonté, en éclairant sa conscience. Chaque jour, à chaque instant, son action devra se faire sentir, afin de faire prendre à l'enfant de bonnes habitudes, afin « d'accu-« muler dans son esprit, disent les programmes « officiels, assez de beaux exemples, assez de bonnes « impressions, assez de saines idées, d'habitudes « salutaires et de nobles aspirations pour que cet « enfant emporte de l'école avec son petit patrimoine « de connaissances élémentaires, un trésor plus « précieux encore, une conscience droite ».

Dans la vie journalière de l'écolier, bien des actes se produisent, qui permettent à l'instituteur d'agir en ce sens; il peut faire juger ces actes. S'il y a lieu, il rectifiera le jugement porté, en faisant saisir la nuance entre ce qui est bien et ce qui n'est qu'utile, entre ce qui est mal et ce qui n'est qu'inutile ou nuisible. Il évitera de laisser les enfants dans l'oisiveté; le travail, en exerçant les facultés, les discipline et contribue au perfectionnement moral. Il veillera à ce que l'enfant ne soit jamais accusé injustement; il proportionnera les punitions aux fautes et se gardera bien de confondre les fautes volontaires avec celles qui ne sont dues qu'à la légèreté. Enfin, certaines matières du programme pourront être d'un grand secours à l'instituteur pour l'aider à développer la conscience morale : les lectures bien choisies, la récitation, les dictées, l'histoire lui fourniront de nombreux exemples de bonnes et de mauvaises actions sur lesquelles il pourra exercer le jugement de l'enfant au point de vue moral. Mais il fera tous

ses efforts pour que l'enfant n'arrive pas à supposer
qu'une bonne action méritant une récompense, une
mauvaise action, une punition, il ne faut bien agir
que pour être récompensé ou éviter le mal que pour
n'être pas puni. Il faut éviter avec soin de présenter
à l'enfant la récompense comme un salaire ; c'est là
une faute que l'on commet trop souvent en éducation.

**4. La volonté.** — La volonté est la faculté de se
déterminer, c'est-à-dire de déployer en connaissance
de cause une activité consciente et maîtresse d'elle-
même. Il y a dans l'acte volontaire quatre moments :
1° la conception des moyens ou des alternatives
possibles ; 2° la délibération qui porte sur les motifs
(raisons fournies par l'intelligence) et sur les mobiles
(impulsions de la sensibilité). Il se passe dans l'esprit
quelque chose d'analogue à ce qui a lieu dans une
assemblée délibérante ; 3° la résolution ou détermi-
nation ; 4° l'exécution. C'est dans la résolution que la
volonté apparaît le plus nettement.

**5. La volonté chez l'enfant.** — La volonté
existe en germe chez l'enfant, mais à l'origine, elle se
confond avec le désir, parce que l'enfant ne sait pas
distinguer ce qui est possible de ce qui ne l'est pas.
Pour que la volonté puisse se manifester en connaissance de cause, il faut qu'elle soit alliée à l'intelligence ;
or, l'enfant ne réfléchit pas assez pour se faire une
idée nette de ce qu'il peut obtenir, pour bien penser
à ce qu'il veut.

**6. Moyens de la développer.** — La première
tâche de l'instituteur sera donc d'exercer l'enfant à
réfléchir, à ne pas trop se hâter quand il songe à
faire quelque chose, à bien peser les motifs et les

mobiles qui le poussent à agir. Les actes volontaires ne dépendent pas seulement des jugements qui les précèdent; ils dépendent aussi des habitudes déjà contractées. Il est donc nécessaire que l'instituteur surveille de très près le développement des habitudes chez ses élèves. Les actes habituels ménagent l'effort volontaire, mais ils ne détruisent pas la volonté.

Quand l'enfant a conscience de sa volonté, il faut lui apprendre à savoir ce qu'il veut, car la première condition de la volonté, c'est d'avoir un but. Ne permettons pas à un enfant de laisser un devoir inachevé pour en commencer un autre, obligeons-le à suivre un ordre régulier. Cette habitude prise à l'école, il la portera plus tard dans la gestion de ses affaires. Les parents, le maître doivent diriger, guider la volonté de l'enfant, mais ne pas y substituer constamment la leur; il s'égarera parfois, on lui montrera alors en quoi et pourquoi il s'est trompé, puis on fera appel à sa raison. Il faut lui montrer comme règle commune à laquelle chacun doit se soumettre, le devoir dont le maître emprunte l'autorité. Il apprendra ainsi à se gouverner lui-même, à réfléchir avant de vouloir, à délibérer avant d'agir. Il ne faut pas oublier que c'est surtout la volonté qui fait l'homme; il est donc de la plus grande importance de développer cette faculté chez l'enfant si l'on veut éviter que plus tard il ne soit à la merci de personnalités plus accusées.

## LECTURE D'APPLICATION

Extraits de : Mᵐᵉ DE RÉMUSAT, *Mᵐᵉ Necker de Saussure.*

Le sentiment du bien et du mal est en nous, c'est l'instrument donné pour en obtenir la connaissance;

mais il faut savoir le saisir et l'employer. Trop souvent dans l'éducation nous cherchons à le suppléer. Nous commençons par défendre ou permettre d'agir à nos enfants comme le défendent ou le permettent nos usages : travail inutile qui ne fructifie point. Les conventions ne comportent qu'une morale secondaire et tout extérieure dont je voudrais qu'on s'occupât plus tard, et après avoir préalablement tourné un jeune esprit vers une autre espèce de devoirs qui se prouvent autrement et qui touchent de plus près.

Il s'agit de donner à l'enfant une moralité active, pour le guider dans les difficultés et les nouveautés de la vie. Pour cela il faut combattre directement ses erreurs, ses faiblesses et ses passions, et le point d'appui ne manque pas ; c'est la conscience.... C'est à la raison de l'homme qu'on s'adresse lorsqu'on veut obtenir de lui quelque chose. On peut également s'adresser avec confiance à celle de l'enfant, si l'on proportionne ce qu'on exige de lui à ce qu'il peut donner.

(M<sup>me</sup> DE RÉMUSAT, Essai sur l'éducation des femmes.)

La volonté, considérée sous le rapport de sa force, indépendamment de sa direction, prend les noms de fermeté, d'énergie, de constance. Est-il accordé aux instituteurs d'augmenter chez un enfant l'énergie morale ? Je l'ignore, mais il me paraît certain qu'il leur est extrêmement aisé de la diminuer ; c'est peut-être à cet égard que nous commettons le plus de fautes. Malheureusement l'éducation presque entière tend à ébranler la fermeté ; elle n'est le plus souvent, à vrai dire, qu'un système de moyens pour affaiblir la volonté. Persuasive et insinuante, elle l'empêche de se former ; sévère et inflexible, elle la fait ployer ou la brise. La raison qu'ont les instituteurs pour ne pas en favoriser le développement est bien simple : c'est qu'ils la rencontrent sans cesse comme obstacle dans l'éducation.

L'éducation doit, selon moi, compter assez sur ses ressources pour ne pas redouter d'avance le développement de la fermeté ; et puisque le gouvernement des parents et des instituteurs a nécessairement une influence

6.

répressive, puisque les usages de la société en ont une aussi, il serait bien essentiel de compenser ces divers effets et de rendre aux enfants, qui sont les hommes de l'avenir, le nerf de vie dont le germe parait leur avoir été accordé par le Créateur. L'éducation ne veut que rendre l'homme libre.

(M⁰ˢ NECKER DE SAUSSURE, *L'éducation progressive*.)

# 18ᵉ LEÇON

## L'habitude.

SOMMAIRE. — **1.** Définition. — **2.** Effets de l'habitude sur l'activité. — **3.** Sur la conscience morale et la volonté. — **4.** Sur la conscience proprement dite. — **5.** Sur la sensibilité. — **6.** Faire prendre à l'enfant de bonnes habitudes.

**1. Définition.** — L'habitude est une disposition des êtres vivants acquise sous l'action prolongée des mêmes influences ou par la répétition des mêmes actes. On distingue les habitudes *passives* qui sont des modifications subies sous l'action des circonstances, et les habitudes *actives*, qui proviennent de notre propre fonds. Le propre de l'habitude passive est d'émousser la sensibilité (l'habitude de vivre au milieu du bruit) tandis que l'habitude active favorise l'activité du corps et de l'esprit (le musicien qui distingue une note légèrement fausse, dans un morceau d'ensemble).

**2. Effets de l'habitude sur l'activité.** — L'habitude développe l'activité physique et l'activité intellectuelle; elle permet aux organes d'acquérir de l'habileté, de s'assouplir; grâce à elle, les facultés se développent, se perfectionnent. Les ouvriers qui fabriquent toujours le même objet finissent par acquérir une habileté surprenante; l'habitude de résoudre des problèmes permet de trouver rapidement des solutions parfois très difficiles.

**3. Sur la conscience morale et la volonté.** — L'habitude amoindrit ou affermit la conscience et la volonté selon les exemples que l'enfant a sous les yeux. Un élève voit un de ses camarades commettre une mauvaise action, mentir par exemple, il sera tout d'abord scandalisé. Mais que le lendemain, les jours suivants, le même fait se reproduise, la conscience de l'enfant finira par s'endormir; ce qu'il repoussait d'abord comme étant mauvais, lui semble de moins en moins répréhensible; peut-être finira-t-il par approuver et même par pratiquer ce qu'il repoussait comme indigne.

Ce n'est pas seulement la conscience morale qui est influencée, mais aussi la volonté. Un enfant passe une première fois devant un verger rempli de fruits, il est tenté d'en cueillir quelques-uns, mais il résiste à la tentation; il sent qu'il commettrait une mauvaise action; s'il passe une seconde fois devant le verger, il lui en coûtera moins de résister, et grâce à la force de volonté qu'il aura montrée, il finira par trouver tout naturel de respecter le bien d'autrui. L'habitude de vouloir, de se déterminer franchement après réflexion, diminue l'effort; mais l'habitude de céder aux tentations finit par nous rendre incapables de vouloir.

**4. Sur la conscience proprement dite.** — Lorsqu'un acte devient habituel, la conscience finit par disparaître peu à peu; or cette disparition est d'une importance capitale en pédagogie. Ainsi, une leçon faite d'une voix monotone, où il n'y a rien d'imprévu, finit par endormir, car la monotonie fait disparaître la conscience. Il est donc nécessaire que le maître, dans ses leçons, sache intéresser ses élèves par le fond, par la forme, par le ton, par les interrogations, pour éviter la somnolence de l'esprit.

**5. Sur la sensibilité.** — L'habitude émousse la sensibilité. Lorsque les réprimandes et les punitions sont trop souvent répétées, elles perdent leur caractère répressif et finissent par ne plus produire d'effet. Un enfant sera beaucoup plus sensible à une punition qui ne vient que rarement qu'à celle qui est donnée à tout propos, comme si elle était passée à l'état d'habitude. Il en est de même des récompenses ; multipliées à l'excès, elles perdent toute valeur pour l'enfant qui finit par les dédaigner.

**6. Faire prendre à l'enfant de bonnes habitudes.** — Si l'enfant n'a pas encore d'habitudes, la tâche de l'instituteur consiste à lui en inculquer de bonnes, en lui apprenant à se respecter, à respecter les autres, à conserver sa dignité, en lui donnant le goût des choses qu'il doit faire, en dirigeant son intelligence vers la vérité. S'il n'a que de bonnes habitudes, on fera en sorte qu'elles ne se perdent pas. Si l'enfant a de mauvaises habitudes, il est nécessaire de les lui faire perdre pour lui en faire contracter de bonnes. On combat les habitudes déjà prises en leur opposant peu à peu des habitudes contraires ; il faut procéder par transitions douces. Il ne s'agit pas de savoir, lorsqu'on se trouve en présence de mauvaises habitudes, si l'enfant conserve une certaine liberté dans ses actes, il faut remplacer sa volonté par la nôtre.

## LECTURE D'APPLICATION

Extraits de : ARISTOTE et de MARION.

Les vertus ne sont pas en nous par l'action seule de la nature, et elles n'y sont pas davantage contre le vœu de la nature ; mais la nature nous en a rendus susceptibles, et c'est l'habitude qui les développe et les achève en nous. Nous les acquérons après les avoir préalablement pratiquées. On devient architecte en construisant, on devient musicien en faisant de la musique. Tout de même, on devient juste en pratiquant la justice ; sage, en cultivant la sagesse.. Toute vertu, quelle qu'elle soit, se forme et se détruit par les mêmes moyens, par les mêmes causes, absolument comme on se forme et comme on échoue dans tous les arts... Les qualités proviennent de la répétition fréquente des mêmes actes. Voilà comment il faut s'attacher scrupuleusement à ne faire que des actes d'un certain genre, car les qualités se forment sur les différences mêmes de ces actes et les suivent. Ce n'est donc pas une chose de petite importance que de contracter, dès l'enfance, et aussitôt que possible, telles ou telles habitudes. C'est au contraire un point de très grande importance, ou pour mieux dire, c'est là tout.

(ARISTOTE, *Morale à Nicomaque.*)

Il n'est pas impossible de se défendre, au moins en partie, contre l'envahissement des habitudes ; on peut même mettre à cela un certain orgueil, se maintenir toujours en état de juger sans parti pris, sur nouvelle enquête ; mais cet effort incessant coûte trop à notre nature, et il ne faut pas le demander toujours.

Ce qu'on peut faire de mieux contre l'habitude, c'est de la combattre par l'habitude même. Commençons par nous débarrasser des anciennes habitudes ; nous aurons le temps pour auxiliaire, pourvu que nous ayons le courage de commencer. Diminuons peu à peu le nombre des actions que nous ne voulons plus faire, mettons entre elles des intervalles de plus en plus grands, c'est là une manière prudente et efficace de procéder : le besoin diminue progressivement, l'apaisement se fait et la volonté reprend peu à peu l'empire. Mais il n'est pas mauvais non plus de procéder quelquefois de haute lutte, car il y a dans la lutte un plaisir, et, si l'on prend l'habitude de goûter ce plaisir et de le faire goûter aux enfants, on peut en venir soi-même et amener les autres à regarder comme une joie incomparable de gagner ainsi quelque chose chaque jour sur ses mauvaises habitudes.

(MARION, *Psychologie.*)

## 19ᵉ LEÇON

### Le caractère.

SOMMAIRE. — **1.** Définition. — **2.** Le courage. — **3.** Courage moral. — **4.** Étude du caractère de l'enfant. — **5.** Formation du caractère.

**1. Définition.** — Le caractère est l'ensemble des dispositions et des aptitudes, des habitudes et des penchants de l'enfant, qui le font agir d'une certaine manière plutôt que d'une autre, qui, dans des circonstances données, le portent à éprouver une certaine émotion. Ces habitudes, ces dispositions peuvent être plus ou moins nombreuses, plus ou moins accentuées selon les individus ; c'est justement cette variété dans le caractère qui, bien souvent, rend difficile la tâche du maître.

**2. Le courage.** — Le courage, qui est la vertu propre de la volonté, est une des principales qualités du caractère. C'est le courage qui nous fait affronter les périls réels, résister aux obstacles et supporter les épreuves de la vie. La valeur, la bravoure, l'intrépidité, l'héroïsme, la persévérance, la constance, la résignation, sont des formes du courage. On donne le nom de courage militaire à celui que déploie le soldat sur le champ de bataille ; on appelle courage civil celui dont font preuve les fonctionnaires, les magistrats, dans l'accomplissement de leurs devoirs professionnels. Exemples : un préfet qui tient tête aux violences d'une émeute, un juge qui refuse d'acquitter un coupable, malgré les menaces qui lui sont adressées.

**3. Courage moral.** — Une autre forme du courage dont le développement contribue puissamment à former le caractère, c'est le *courage moral* qui consiste à braver l'opinion des autres, à s'élever au-dessus des préjugés et du respect humain pour n'obéir qu'à sa conscience et à sa raison. Il est important de développer chez l'enfant le courage moral, si l'on veut que devenu homme, il ait des convictions personnelles fermes et raisonnables qu'il suivra en toute occasion au lieu de se mettre à la remorque des opinions d'autrui. C'est surtout par le courage moral que l'homme fait preuve de caractère.

**4. Étude du caractère de l'enfant.** — Voyons comment et où l'instituteur pourra étudier le caractère des enfants.

Ce qui importe avant tout, c'est que l'enfant puisse laisser voir ses qualités, ses travers, ses défauts, ses vices même ; par conséquent il faut l'encourager à se montrer tel qu'il est, lui fournir les occasions de mettre au jour son caractère, librement et sans contrainte. Tout en l'observant attentivement, le maître doit faire semblant de ne rien voir ; si l'enfant,

surtout au début, se sentait surveillé, était repris à
chaque instant et pour des futilités, il dissimulerait
et donnerait de lui une opinion tout à fait fausse. Dans
les jeux surtout, l'enfant se trouve livré à lui-
même, il pense qu'on ne s'occupe pas de lui et
il se montre le plus souvent tel qu'il est réellement ;
non seulement il déploie une activité physique considérable, mais encore il met en jeu ses facultés intellectuelles et morales. C'est donc le bon moment pour
le maître de l'observer attentivement : il remarquera
que celui-ci veut absolument soumettre à sa volonté
tous ses camarades, que celui-là trompe, triche au jeu,
que cet autre abuse de sa force pour en faire plier un
plus faible que lui. Il notera avec grand soin toutes
ces observations et s'appliquera à en tirer le plus de
profit possible.

Les devoirs, les réponses des élèves fourniront
également à l'instituteur l'occasion de connaître le
caractère de chacun. Si nous ajoutons à tous ces
moyens la connaissance de la nature et du rôle des
diverses facultés, nous verrons que le maître peut
posséder ainsi des données suffisantes sur le caractère de chacun de ses élèves, et les faire tourner au
profit de l'éducation.

5. **Formation du caractère.** — Il est de toute
nécessité que l'instituteur s'inspire de ce principe, que
les enfants n'ayant pas le même caractère, doivent
être traités d'une façon différente. Un enfant étourdi
n'aura pas, pour une faute semblable, la même punition qu'un enfant plus réfléchi ; le premier a peut-être
commis cette faute sans s'en apercevoir, la punition
seule lui montre qu'il a mal fait ; le second, au contraire,
savait sans doute ce qu'il faisait, il a agi avec intention ;

il mérite une punition plus sévère que son camarade.
De même on ne louera pas de la même manière un
élève orgueilleux et un élève modeste ; on n'exigera
pas d'un enfant vif et pétulant une immobilité complète telle qu'on peut l'attendre d'un enfant mou et
indolent. L'enfant sensible qu'un rien fait pleurer,
sera réprimandé plus doucement qu'un autre sur
lequel les reproches les plus sévères n'ont que peu
d'effet. En se montrant plus doux avec ceux qu'un
excès de timidité rendrait ombrageux et méfiants s'ils
étaient traités avec brusquerie, en étant plus sévère
avec ceux qui se montrent trop hardis, trop volontaires, on finira par faire disparaître, dans une certaine
mesure, les inégalités de caractère chez les élèves.
Cela ne veut pas dire que l'on parviendra à donner à
tous le même caractère, car chacun d'eux conservera
toujours comme cachet personnel ce qui est inhérent
à sa nature, mais on les amènera à se corriger de ce
qui est mauvais ou exagéré en eux, des défauts, des
travers et surtout des inclinations vicieuses.

## LECTURE D'APPLICATION

### Extrait de : ROLLIN.

Le premier soin du maître est de bien étudier et
d'approfondir le génie et le caractère des enfants ; car
c'est sur quoi il doit régler sa conduite. Il y en a qui se
relâchent et languissent si on ne les presse : d'autres ne
peuvent souffrir qu'on les traite avec empire et hauteur.
Il en est tels que la crainte retient, et tels au contraire
qu'elle abat et décourage. On en voit dont on ne peut
rien tirer qu'à force de travail et d'application ; d'autres
qui n'étudient que par boutade et par saillie. Vouloir
les mettre tous de niveau, et les assujettir à une même
règle, c'est vouloir forcer la nature. La prudence du

maître consiste à garder un milieu qui s'éloigne également des deux extrémités : car ici le mal est tout près du bien, et il est aisé de prendre l'un pour l'autre et de s'y tromper. Trop de liberté donne lieu à la licence ; trop de contrainte abrutit l'esprit. La louange excite et encourage, mais aussi elle inspire de la vanité et de la présomption. Il faut donc garder un juste tempérament qui balance et évite ces deux inconvénients.

L'adresse est de bien étudier le caractère des enfants, de s'appliquer à connaître leur humeur, leur pente, leurs talents, et surtout de découvrir leurs passions et leurs inclinations dominantes, non dans la vue ni dans l'espérance de changer tout à fait leur tempérament, de rendre gai, par exemple, celui qui est naturellement grave et posé, ou sérieux celui qui est d'un naturel vif et enjoué. Il en est de certains caractères comme des défauts de la taille, qui peuvent bien être un peu redressés, mais non changés entièrement. Or, le moyen de connaître ainsi les enfants, c'est de les mettre dès l'âge le plus tendre dans une grande liberté de découvrir leurs inclinations ; de laisser agir leur naturel, pour le mieux discerner ; de compatir à leurs petites infirmités, pour leur donner le courage de les laisser voir ; de les observer, sans qu'ils s'en aperçoivent, surtout dans le jeu où ils se montrent tels qu'ils sont : car les enfants sont naturellement simples et ouverts ; mais dès qu'ils se croient observés, ils se ferment, et la gêne les met sur leurs gardes.

(ROLLIN, *Traité des études*.)

---

# 20ᵉ LEÇON

## La discipline.

SOMMAIRE. — 1. La discipline. — 2. Les récompenses. — 3. Les punitions.

**1. La discipline.** — La discipline scolaire est l'ensemble des règles qui ont pour objet le maintien de l'ordre, l'accomplissement du devoir et le respect du bien d'autrui.

Les enfants peuvent être conduits : 1° par les sentiments personnels; 2° par les sentiments affectueux; 3° par le sentiment du devoir; 4° par les récompenses et les punitions.

Nous avons vu, en traitant de l'éducation morale, tout le parti que l'on peut tirer des sentiments et de l'idée du devoir. Dans la plupart des cas, ces moyens seraient insuffisants si l'on n'y ajoutait l'espoir d'une récompense ou la crainte d'une punition.

**2. Les récompenses.** — Les récompenses ont pour objet d'associer dans l'esprit de l'enfant l'idée du devoir accompli à celle du plaisir qui en résulte. Elles peuvent être morales ou matérielles; les récompenses morales sont la louange et l'inscription au tableau d'honneur, les récompenses matérielles consistent en bonnes notes, en bons points et en prix.

« Les enfants sont fort sensibles à la louange, dit Rollin; il faut profiter de ce faible et tâcher d'en faire en eux une vertu. On courrait risque de les décourager si on ne les louait jamais lorsqu'ils font bien. » Nous ajouterons que ce qu'il faut surtout louer chez l'enfant, c'est l'effort.

Les bonnes notes, inscrites sur un carnet, peuvent, lorsqu'elles atteignent un chiffre fixé à l'avance, se transformer en bons points d'une certaine valeur, ou même en prix.

Les bons points forment aujourd'hui de nombreuses collections. Le maître devra choisir ceux qui se recommandent par le côté artistique et qui, par suite, peuvent contribuer à développer chez l'enfant le goût du beau (reproduction de tableaux, de monuments) et ceux qui peuvent accroître ses connaissances (bons points géographiques, d'histoire naturelle). L'usage exclusif du bon point-centime nous fait craindre que l'enfant ne considère une récompense de cette nature comme un salaire, et que plus tard, sur le point d'accomplir une bonne action, il ne soit tenté de se demander, avant d'agir, quel bénéfice il pourra en retirer. Il faut que l'enfant sache bien que la récompense n'est pas un salaire, qu'elle ne lui est pas due, et qu'elle ne lui est accordée que pour l'encourager, parce que l'accomplissement du devoir exige souvent un certain effort.

Quant à la distribution solennelle de prix, sans parler des ennuis qu'elle peut créer aux maîtres, nous la trouvons bien éloignée pour être un stimulant efficace pendant les premiers mois de l'année; ajoutons qu'elle ne permet pas de tenir suffisamment compte de l'effort. Nous lui préférerions des distributions trimestrielles, avec moins de solennité.

**3. Les punitions.** — Le maître doit s'appliquer à prévenir les punitions, mais lorsqu'elles sont devenues indispensables, il faut les appliquer avec fermeté.

Une punition ne doit pas être considérée comme une vengeance, mais comme une expiation, une réparation destinée à rendre le coupable meilleur. La punition doit être juste et proportionnée à la faute, au caractère, à l'état d'esprit du coupable. Il ne faut pas oublier qu'à côté des enfants qui comprennent à demi-mot, il y en a d'autres pour lesquels tout est difficile et pénible, qu'à côté d'enfants bien élevés n'ayant eu que de bons exemples sous les yeux, il y en a dont les mauvais penchants se révèlent avant que la conscience morale soit développée.

Nous ne saurions admettre avec Spencer que « les réactions naturelles accompagnées de peine sont toujours proportionnées aux transgressions » et nous comptons beaucoup plus sur le maître que sur la nature pour établir un certain rapport entre la punition et la faute commise.

Les punitions comprennent : les avertissements, les réprimandes, les mauvaises notes lues en classe et communiquées aux parents au moyen du carnet de correspondance, la privation d'une partie de la récréation et les pensums.

La privation de récompense est déjà un avertissement, car l'enfant qui n'est pas récompensé est souvent bien près d'être puni.

Les réprimandes trop fréquentes et pour des fautes légères perdent toute leur force et amoindrissent l'autorité du maître.

La privation de tel ou tel plaisir et un travail supplémentaire pendant la récréation sont des punitions plus graves. L'enfant privé de récréation doit toujours être occupé à un travail utile, soit qu'on l'oblige à faire avec soin une page d'écriture, soit qu'on lui donne à apprendre une leçon non sue ou un court morceau de récitation.

Le règlement interdit avec raison les châtiments corporels; ils sont humiliants et n'ont aucun rapport avec la faute commise.

Les véritables maîtres punissent rarement; ils réussissent à établir la discipline par un heureux mélange de douceur et de sévérité, d'amour et de crainte qui inspire aux enfants l'obéissance et le respect.

## LECTURE D'APPLICATION

Extraits de : ROLLIN, HORACE MANN, Mme NECKER DE SAUSSURE.

J'appelle autorité un certain air et un certain ascendant qui imprime le respect et se fait obéir. Ce n'est ni l'âge, ni la grandeur de la taille, ni le ton de la voix, ni les menaces qui donnent cette autorité, mais un caractère d'esprit égal, ferme, modéré, qui se possède toujours, qui n'a pour guide que la raison, et qui n'agit jamais par caprice ni par emportement. C'est cette qualité, ce talent qui tient tout dans l'ordre, qui établit une exacte discipline, qui épargne les réprimandes et qui prévient les punitions. Or c'est dès le commencement que les maîtres doivent prendre cet ascendant. S'ils ne saisissent ce moment favorable et ne se mettent dès les premiers jours en possession de l'autorité, ils auront toutes les peines du monde à y revenir et l'enfant sera le maître.

(ROLLIN, Traité des études.)

Punir est une façon par trop sommaire de s'assurer l'obéissance ou l'attention. Il est plus long, mais autrement avantageux, de rendre les leçons attrayantes en les préparant avec soin, en les émaillant d'anecdotes, de récits, de ces vives peintures qui éveillent l'esprit et piquent la curiosité.

Le maître parcourt la classe, ayant dans sa tête toute sa bibliothèque et ayant préparé d'avance ses questions. Il les formule avant de nommer l'élève qui doit répondre, afin que tous écoutent ; il les proportionne au savoir de chacun, encourage celui qui cherche et l'aide à trouver, fait honte à l'un de son ignorance et félicite l'autre de la justesse d'une réflexion, entretient chez tous l'activité de l'esprit et l'intérêt pour l'étude. Avec une telle préparation et une telle supériorité, il exerce surtout une discipline morale : l'ordre est assuré par la confiance et le respect qu'ont pour lui les enfants.

(HORACE MANN, Les punitions scolaires.)

Une punition, pour être à la fois efficace et juste, doit avoir été annoncée d'avance et appliquée à un cas bien défini. Rien au contraire n'est plus irrégulier, plus livré au hasard que les réprimandes. Quand elles seraient prévues, leur degré de force ne l'est pas ; tout y dépend de l'humeur présente pour celui qui gronde comme pour celui qui est grondé ; et de là résulte que l'enfant, toujours rempli d'espérance, ne les redoute guère de loin.

Une punition décrétée d'avance et infligée quand le cas échoit, met entre le père offensé et l'enfant coupable une barrière qui s'oppose à tout excès d'indulgence et rend inutile l'expression d'un violent courroux. Ce n'est plus pour se satisfaire lui-même que le père afflige, c'est pour rester fidèle à sa parole, toujours inviolable à ses propres yeux. Il peut être attristé du chagrin qu'il cause, et cette idée, si souvent juste, le montre sous un aspect doux. Toutefois il aurait tort de faire grâce. S'il remettait la peine, il rouvrirait la porte à l'arbitraire et s'exposerait à paraître dur ou capricieux quand il faudrait venir à l'infliger. Ce qui rend efficaces les punitions, ce n'est pas du tout d'être fortes, c'est d'être infaillibles.

(M<sup>me</sup> NECKER DE SAUSSURE, *L'éducation progressive.*)

# LISTE ALPHABÉTIQUE DES AUTEURS

— —

**Aristote** (384-322 av. J.-C.). Philosophe grec, précepteur d'Alexandre le Grand; auteur de la *Morale à Nicomaque* et de la *Politique*.

**Bain** (Alexandre). Philosophe anglais, auteur de *la Science de l'éducation*, trad. franç. 1 vol. in-8°.

**Buisson** (Ferdinand). Professeur à la Sorbonne, ancien directeur de l'Enseignement primaire. *Dictionnaire de Pédagogie*.

**Channing** (1780-1842). Pasteur américain. *Œuvres sociales*, traduites par Laboulaye. 2 vol. in-12.

**Coménius** (1592-1671). Célèbre pédagogue morave. *Nouvelle méthode des langues* (Dict. pédag.).

**Condorcet** (1743-1794). Membre de l'Académie des sciences et de l'Académie française. Comme membre de l'Assemblée législative a rédigé un *Rapport et un projet de décret sur l'organisation générale de l'Instruction publique* (1791-1792).

**Fénelon** (1651-1715). Précepteur du duc de Bourgogne, puis archevêque de Cambrai. *Traité de l'éducation des filles*.

**Guizot** (1787-1874). Écrivain et homme politique, ministre de l'Instruction publique, puis de l'Intérieur sous Louis-Philippe. *Méditations et Études morales*.

**Janet** (Paul). Membre de l'Institut, professeur à la Faculté des lettres de Paris. *Psychologie*.

**Javal** (Docteur). Directeur de laboratoire à l'École des Hautes-Études. *Rapport sur l'hygiène des écoles primaires*.

**Locke** (1632-1704). Philosophe anglais, *Quelques pensées sur l'éducation*, traduites par Compayré.

**Maine de Biran** (1766-1821). Philosophe français. *De l'influence de l'habitude sur la faculté de penser*.

**Mann** (Horace), (1796-1859). Pédagogue américain; *Horace Mann, ses œuvres et ses écrits*, par M. Gaufrès, fascicule 39 des *Mémoires et documents scolaires*, publiés par le Musée pédagogique.

**Marion** (Henri). Professeur à la Sorbonne, mort en 1896. *Leçons de Psychologie* et *Leçons de morale* (A. Colin et Cⁱᵉ, Paris).

**Montaigne** (Michel), (1533-1592). Philosophe et moraliste français, *Essais*.

**Necker de Saussure** (Mᵐᵉ), (1766-1841). Fille du naturaliste de Saussure, née à Genève. *L'éducation progressive*, 2 vol. in-12.

**Pestalozzi** (1745-1827). Pédagogue suisse. *Comment Gertrude instruit ses enfants. Le Chant du cygne.*

**Rabelais** (François), (1483-1553). Écrivain français. *La vie de Gargantua et de Pantagruel.*

**Ravaisson** (Félix). Philosophe français contemporain. *Art. Dictionnaire de Pédagogie.*

**Rémusat** (Mᵐᵉ de), (1780-1821). *Essai sur l'éducation des femmes.*

**Rollin** (1661-1741). Pédagogue, recteur de l'Université de Paris. *Traité des études.*

**Rousseau** (Jean-Jacques), (1712-1778), né à Genève, descendait d'une famille de réfugiés français. *Émile ou de l'Éducation.*

**Spencer** (Herbert). Philosophe anglais. *De l'éducation physique, intellectuelle et morale.*

**Stewart** (Dugald), (1753-1828). Philosophe écossais. *Éléments de la philosophie de l'esprit humain.*

**Vessiot.** Inspecteur général honoraire de l'Instruction publique. *De l'éducation à l'école.*

# ACTES OFFICIELS

## concernant l'Enseignement primaire.

---

*ARRÊTÉ ET RÈGLEMENT MODÈLE relatifs aux prescriptions hygiéniques à prendre dans les Écoles primaires pour prévenir et combattre les épidémies.* (18 août 1893.)

Le ministre de l'instruction publique, des beaux-arts et des cultes,

Vu la loi du 27 février 1880, articles 4 et 5;

Vu la loi municipale du 5 avril 1884, articles 94 et 97;

Vu la loi du 30 octobre 1886, article 9, qui porte :

« L'inspection des établissements d'instruction primaire publics ou privés est exercée... 7° au point de vue médical, par les médecins inspecteurs communaux ou départementaux...

« L'inspection des écoles publiques s'exerce conformément aux règlements délibérés par le Conseil supérieur...

« Celle des écoles privées porte sur l'hygiène... »

Le Conseil supérieur de l'instruction publique entendu,

Arrête :

Art. 1er. — Les prescriptions hygiéniques à prendre dans les écoles primaires publiques pour prévenir et combattre les épidémies sont fixées dans tous les départements par arrêté du préfet.

Art. 2. — Elles sont rédigées d'après les indications contenues dans le règlement modèle ci-annexé.

R. POINCARÉ.

*RÈGLEMENT MODÈLE relatif aux prescriptions hygiéniques à prendre dans les écoles primaires pour prévenir et combattre les épidémies.*

## CHAPITRE PREMIER

### MESURES GÉNÉRALES A PRENDRE POUR ÉVITER L'ÉCLOSION DES MALADIES CONTAGIEUSES.

Art. 1er. — Les écoles doivent être pourvues d'eau pure (eau de source, eau filtrée ou bouillie). L'eau pure seule sera mise à la disposition des élèves.

Art. 2. — Les cabinets d'aisances des écoles ne doivent pas communiquer directement avec les classes.

Les fosses doivent être étanches et le plus possible éloignées des puits.

Art. 3. — Pendant la durée des récréations et le soir après le départ des élèves, les classes doivent être aérées par l'ouverture de toutes les fenêtres.

Art. 4. — Le nettoyage du sol ne doit pas être fait à sec par le balayage, mais au moyen d'un linge ou d'une éponge mouillée promenée sur le sol.

Art. 5. — Hebdomadairement il est fait un lavage du sol à grande eau et avec un liquide antiseptique. — Un lavage analogue des parois doit être fait au moins deux fois par an, notamment aux vacances de Pâques et aux grandes vacances.

Art. 6. — La propreté de l'enfant est surveillée à son arrivée. Chaque enfant doit se laver les mains au lavabo avant la rentrée en classe après chaque récréation.

## CHAPITRE II

### MESURES GÉNÉRALES À PRENDRE EN PRÉSENCE D'UNE MALADIE CONTAGIEUSE.

Art. 7. — Le licenciement de l'école ne doit être prononcé que dans les cas spécifiés à l'article 14. Auparavant l'on doit recourir aux évictions successives et employer les mesures de désinfection prescrites ci-après.

Art. 8. — Tout enfant atteint de fièvre doit être immédiatement éloigné de l'école ou envoyé à l'infirmerie dans le cas d'un internat.

Art. 9. — Tout enfant atteint d'une maladie contagieuse bien confirmée doit être éloigné de l'école et, sur l'avis du médecin chargé de l'inspection, cette éviction peut s'étendre aux frères et sœurs dudit enfant ou même à tous les enfants habitant la même maison.

Art. 10. — La désinfection de la classe est faite, soit dans l'entre-classe, soit le soir après le départ des élèves.

Elle comprend :

Le lavage de la classe (sol et parois) avec une solution antiseptique.

La désinfection par pulvérisation des cartes et objets scolaires appendus au mur.

La désinfection par lavages des tables, bancs, meubles, etc.

La désinfection complète du pupitre de l'élève malade. La destruction par le feu des livres, cahiers, etc., de l'élève malade, et des jouets ou objets qui auraient pu être contaminés dans les écoles maternelles.

Art. 11. — Il est adressé à la famille de chaque enfant atteint d'une affection contagieuse une instruction sur les précautions à prendre contre les contagions possibles et sur la nécessité de ne renvoyer l'enfant qu'après qu'il aura été baigné ou lavé plusieurs fois au savon et que tous ses habits auront subi soit la désinfection, soit un lavage complet à l'eau bouillante.

Art. 12. — Les enfants qui ont été malades ne pourront rentrer à l'école qu'avec un certificat médical et après qu'il se sera écoulé, depuis le début de la maladie, une période de temps égale à celle prescrite par les instructions de l'Académie de médecine.

Art. 13. — Dans le cas où le licenciement est reconnu nécessaire, il est envoyé à chaque famille, au moment du licenciement, un exemplaire de l'instruction relative à la maladie épidémique qui l'aura nécessité.

## CHAPITRE III

### MESURES PARTICULIÈRES A PRENDRE POUR CHAQUE MALADIE CONTAGIEUSE.

Art. 14. — Sur l'avis du médecin inspecteur, les mesures suivantes doivent être prises, conformément aux indications contenues dans le rapport adopté par le Comité consultatif d'hygiène annexé, lorsque les maladies ci-dessous désignées sévissent dans une école :

*Variole.* — Éviction des enfants malades (durée : 40 jours). — Destruction de leurs livres et cahiers. — Désinfection générale. — Revaccination de tous les maîtres et élèves.

*Scarlatine.* — Éviction des enfants malades (durée : 40 jours). — Destruction de leurs livres et cahiers. — Désinfection générale. — Licenciement si plusieurs cas se produisent en quelques jours malgré toutes les précautions.

*Rougeole.* — Éviction des enfants malades (durée : 16 jours). — Destruction de leurs livres et cahiers. — Au besoin, licenciement des enfants au-dessous de six ans.

*Varicelle.* — Évictions successives des malades.

*Oreillons.* — Évictions successives de chacun des malades (durée : 10 jours).

*Diphtérie.* — Éviction des malades (durée : 40 jours). — Destruction des livres, des cahiers, des jouets et objets qui ont pu être contaminés. — Désinfections successives.

*Coqueluche.* — Évictions successives (durée : 3 semaines).

*Teignes et pelade.* — Évictions successives. — Retour après traitement et avec pansement méthodique.

Paris. — Imp. E. Capiomont et Cie, rue de Seine, 57.

# Armand Colin & C^ie

### ÉDITEURS

5, rue de Mézières, Paris.

# Pages choisies des GRANDS ÉCRIVAINS
## (Lectures littéraires)

En publiant cette collection de *Pages choisies des Grands Écrivains*, les éditeurs se sont proposé de rendre accessibles à tous et à toutes les ouvrages les plus remarquables d'auteurs que nul ne doit ignorer, mais dont tout le monde ne peut posséder ou ne peut lire les œuvres complètes. Ils ont confié la préparation de chacun de ces volumes aux professeurs et aux critiques les plus compétents.

**Pages choisies de Balzac** (G. Lanson). 1 vol. in-18 jésus, broché, 3 50; relié toile. . . . . . . . . . . . . . . **4 »**

**Pages choisies de Chateaubriand** (S. Rocheblave). 1 vol. in-18 jésus, broché, 3 50; relié toile . . . . . . . . . . . **4 »**

**Pages choisies de Cicéron** (P. Monceaux). 1 vol. in-18 jésus, broché, 3 50; relié toile. . . . . . . . . . . . . . . **4 »**

**Pages choisies de Victor Cousin** (T. de Wyzewa). 1 vol. in-18 jésus, broché, 3 50; relié toile. . . . . . . . . . **4 »**

**Pages choisies de Diderot** (T. de Wyzewa). 1 vol. in-18 jésus, broché, 3 50; relié toile. . . . . . . . . . . . . . . **4 »**

**Pages choisies d'Alexandre Dumas** (H. Parigot). 1 vol. in-18 jésus, broché, 3 50; relié toile . . . . . . . . . . . **4 »**

**Pages choisies de Gustave Flaubert** (G. Lanson). 1 vol. in-18 jésus, broché, 3 50; relié toile. . . . . . . . . . . . **4 »**

**Pages choisies de Théophile Gautier** (Paul Sirven). 1 vol. in-18 jésus, broché, 3 50; relié toile. . . . . . . . . . **4 »**

**Pages choisies de Guizot** (M^me Guizot de Witt). 1 vol. in-18 jésus, broché, 3 50; relié toile. . . . . . . . . . . . **4 »**

**Pages choisies de J.-M. Guyau** (A. Fouillée). 1 vol. in-18 jésus, broché, 3 50; relié toile . . . . . . . . . . . . . . **4 »**

**Pages choisies d'Homère** (Maurice Croiset). 1 vol. in-18 jésus, broché, 3 50; relié toile. . . . . . . . . . . . . . . **4 »**

**Pages choisies de Lesage** (P. Morillot). 1 vol. in-18 jésus, broché, 3 50; relié toile. . . . . . . . . . . . . . . **4 »**

**Pages choisies de Mérimée** (Henri Lion). 1 vol. in-18 jésus, broché, 3 50; relié toile. . . . . . . . . . . . . . . **4 »**

Pages choisies de J. Michelet (Ch. Seignobos, sous la direction de Mᵐᵉ Michelet). 1 vol. in-18 jésus, broché, 4 fr.; relié toile. . . . . . . . . . . . . . . . . . . . . . . . 4 50
Pages choisies de Mignet (Georges Weill). 1 vol. in-18 jésus, broché, 3 fr.; relié toile. . . . . . . . . . . . . . . 3 50
Pages choisies d'Alfred de Musset (Paul Sirven). 1 vol. in-18 jésus, broché, 3 50; relié toile. . . . . . . . . . . . 4 »
Pages choisies de Rabelais (E. Huguet). 1 vol. in-18 jésus, broché, 3 50; relié toile. . . . . . . . . . . . . . . . 4 »
Pages choisies d'Ernest Renan. 1 vol. in-18 jésus, broché, 3 50; relié toile. . . . . . . . . . . . . . . . . . . 4 »
Pages choisies de J.-J. Rousseau (S. Rocheblave). 1 vol. in-18 jésus, broché, 3 fr.; relié toile. . . . . . . . . . 3 50
Pages choisies de George Sand (S. Rocheblave). 1 vol. in-18 jésus, broché, 3 50; relié toile. . . . . . . . . . . 4 »
Pages choisies d'Adolphe Thiers (G. Robertet). 1 vol. in-18 jésus, broché, 3 fr.; relié toile. . . . . . . . . . . 3 50
Pages choisies de Virgile (A. Waltz). 1 vol. in-18 jésus, broché, 3 50; relié toile. . . . . . . . . . . . . . . . 4 »

## Pages choisies
# DES AUTEURS CONTEMPORAINS
### (Lectures littéraires)

Pages choisies de Jules Claretie (Bonnemain). 1 vol. in-18 jésus, broché, 3 50; relié toile. . . . . . . . . . . . 4 »
Pages choisies d'Anatole France (G. Lanson). 1 vol. in-18 jésus, broché, 3 50; relié toile. . . . . . . . . . . . 4 »
Pages choisies d'E. et J. de Goncourt (Gustave Toudouze). 1 vol. in-18 jésus, broché, 3 50; relié toile. . . . . . 4 »
Pages choisies de Pierre Loti (Bonnemain). 1 vol. in-18 jésus, broché, 3 50; relié toile. . . . . . . . . . . . . 4 »
Pages choisies d'Hector Malot (G. Meunier). 1 vol. in-18 jésus, broché, 3 50; relié toile. . . . . . . . . . . . 4 »
Pages choisies d'André Theuriet (Bonnemain). 1 vol. in-18 jésus, broché, 3 50; relié toile. . . . . . . . . . . . 4 »
Pages choisies de Tolstoï (R. Candiani). 1 vol. in-18 jésus, broché, 3 50; relié toile. . . . . . . . . . . . . . 4 »
Pages choisies d'Émile Zola (G. Meunier). 1 vol. in-18 jésus, broché, 3 50; relié toile. . . . . . . . . . . . . 4 »

*Armand COLIN & C^{ie}, Éditeurs, Paris.*

# Aux Instituteurs et aux Institutrices,

**Avant d'entrer dans la vie,** *Conseils et directions pratiques,* par M. Jules Payot, Inspecteur d'académie. 1 vol. in-18 jésus, broché. . . . . . . . . **3 50**

« M. Jules Payot est un très bon pédagogue. Son ouvrage tout entier, plein de sens et de sagesse, respire l'allégresse et le courage. Il va droit aux questions pressantes, aux plus brûlantes, et il les résoud très simplement, à force de sincérité et de bon sens. Il prend le jeune maître à la sortie de l'École normale, il l'installe dans l'école, il le met en relations avec son directeur, il assiste à sa première classe; il lui enseigne le secret de l'autorité, il règle le ton de sa voix, lui apprend la valeur du silence; il le plie, il le rompt à la pratique des méthodes actives; puis il l'accompagne dans les divers actes de sa vie publique et de sa vie privée, enfin il examine, avec un grand sens pratique, son rôle dans les grandes questions du temps présent. »

*(Revue pédagogique,* 6 juin 1898.)

# Traité de Pédagogie scolaire, par

MM. I. Carré, Inspecteur général, et R. Liquier, Directeur d'École normale. 1 vol. in-18 jés., br.  **4 »**

« Je voudrais caractériser d'un seul mot l'admirable *Traité de Pédagogie scolaire* de MM. Carré et Liquier et m'affranchir des expressions banales avec lesquelles on signale l'apparition d'un livre nouveau. C'est, à mon humble avis, l'ouvrage le plus important de pédagogie pratique qui ait été écrit. Jamais on n'était entré dans un détail aussi minutieux de la pratique de l'enseignement et jamais on n'avait apporté pour en résoudre les mille difficultés, des solutions aussi efficaces, aussi sûres. »

*(Le Maître pratique.)*

« L'idéal que les auteurs ont eu constamment en vue en écrivant leur livre a été d'y condenser tout ce que doit savoir un instituteur. La théorie et la pratique du savoir professionnel sont tour à tour traitées par MM. Carré et Liquier, sous une forme claire, facile à lire et élégante. »

*(Bulletin de l'Association des anciens élèves de l'École normale de la Seine.)*

*Armand COLIN & Cie, Éditeurs, Paris.*

# ALBUM AGRICOLE

**(32 LEÇONS AVEC TEXTE EN REGARD DES PLANCHES)**

***600 figures***

PUBLIÉ SOUS LA DIRECTION ET AVEC LE CONCOURS DE M.

**DANIEL ZOLLA**

Professeur à l'École nationale d'Agriculture de Grignon

PAR MM.

**A. JENNEPIN et AD. HERLEM**

Directeurs d'Écoles publiques, Lauréats de la Société des Agriculteurs de France.

**Le sol. — La plante. — Fertilisation du sol. — Les eaux. — Matériel agricole. — Céréales; culture et usages. — Prairies naturelles. — Prairies artificielles. — Plantes-racines. — Plantes à tubercules. — Plantes industrielles. — Animaux domestiques. — Pisciculture. — Sériciculture. — Horticulture. — Culture potagère. — Plantes pour boissons. — Jardins d'ornement. — Plantes médicinales usuelles.**

L'Album agricole répond à un véritable besoin. Exécuté par deux hommes d'expérience, sous la direction et avec le concours d'un professeur éminent, M. Daniel Zolla, cet ouvrage offre, grâce à la juxtaposition perpétuelle du texte et des gravures accompagnées de légendes, un ensemble de leçons de choses sur l'agriculture, très complet, pratique et scientifique à la fois. Il rendra aux maîtres, dans leur enseignement, les plus grands services et deviendra, entre les mains des élèves les plus avancés, un instrument de progrès rapides.

La division du texte en paragraphes numérotés, formant chacun l'exposé complet d'une théorie ou d'un procédé agricoles, *permet d'adapter l'ouvrage à tous les programmes départementaux*; il suffira au maître, en préparant son journal de classe, de désigner les paragraphes de l'Album correspondant au programme de l'école.

**Un volume in-4°, cartonné......... 2 fr. 25**

www.ingramcontent.com/pod-product-compliance
Lightning Source LLC
Chambersburg PA
CBHW052221270326
41931CB00011B/2437